谈判心理学

董道军 ◎ 著

一开口就能赢

中国商业出版社

图书在版编目（CIP）数据

谈判心理学 / 董道军著. -- 北京：中国商业出版社，2021.8

ISBN 978-7-5208-1701-1

Ⅰ.①谈… Ⅱ.①董… Ⅲ.①谈判学—社会心理学 Ⅳ.① C912.3

中国版本图书馆 CIP 数据核字 (2021) 第 144021 号

责任编辑：包晓嫱　佟　彤

中国商业出版社出版发行
（100053 北京广安门内报国寺 1 号）
010-63180647　www.c-cbook.com
新华书店经销
香河县宏润印刷有限公司印刷
*
880 毫米 ×1230 毫米　32 开　7.625 印张　195 千字
2021 年 8 月第 1 版　2021 年 8 月第 1 次印刷
定价：48.00 元
* * * *
（如有印装质量问题可更换）

前言

明明想和他人好好合作,却总因为谈判不畅而不欢而散?

明明想表达拒绝,却鬼使神差点了点头?

大家都在等待你的立场和观点,你却哑口无言不知从何谈起?

谈判时刚刚话从口出,却后悔不迭?

在那些火药味十足的协商中,你总是无法保持冷静?

对方的咄咄逼人,让你感到无比迷茫,除了转身离开无言以对。

……

如果以上问题的回答,你的答案都是肯定的,那么你需要迫切阅读这本《谈判心理学》。本书由作者十多年的培训与实践研究经验汇集而成。众所周知,在工作和生活中谈判无处不在,商务合作、职场谈薪、生活买卖,都离不开谈判。谈判并不具有专属性,不是那些外交官和社会精英的专利,而是广泛存在于人们

的工作和生活中,并已经成为人们工作和生活中不可或缺的一部分。尤其对于那些商务、营销和销售人员来说,谈判是随时随地都可能发生的事情。

本书首先从心理学的角度切入,对谈判对象的心理进行全面、详细的解读和深度挖掘。其次在理论的基础上,结合生动的案例,总结出谈判需要掌握的技巧,及如何运用心理技巧获得谈判主动权。通过阅读本书,可以让你无论是从事营销、管理,还是与谈判相关的工作,都能在谈判中应对自如、游刃有余,在各种复杂和不确定的环境中占据谈判上风,赢得宝贵的谈判优势。

如果你是一名新手,阅读完本书,你就可能学会如何从对方连珠炮似的语言中发现他的弱点。本书理论结合实践,循序渐进地向读者揭示了高人一筹的谈判本领,提升谈判的效率;如果你想自学成才,本书便是一本非常实用的"工具书",可以为你提供内容全面、翔实的谈判技巧和方法,帮助你快速增长谈判技能和水平,进入谈判学和心理学的交互领域,从一个全新的视角面对谈判,进而在谈判中取胜。

目录
catalogue

第一章 了解谈判——谈判无处不在 / 001

什么是谈判 / 002

谈判的基本过程 / 010

学会谈判，能让你的人生更加顺利 / 014

第二章 提升能力——增强你的谈判能力 / 019

专业力：谈判者要表现得足够专业 / 020

合法力：通过包装自己提升影响力 / 024

感受力：让对方感觉自己才是赢家 / 027

幽默力：营造更加轻松的谈判氛围 / 030

故事力：打动人心，增强说服力 / 032

情感力：拉近谈判双方的距离 / 035

第三章 重视谈判前的准备——不打无准备的仗 / 039

谈判前，营造良好的氛围 / 040
谈判时间的选择，影响谈判效果 / 044
选择熟悉的场地，占据主场优势 / 047
谈判座次，无声的空间语言 / 053
提升自信，坚信自己可以成为胜者 / 057
摸透对手底细，增加谈判胜算 / 061
制订谈判方案，有备无患 / 064

第四章 讲究策略——助你轻松赢得谈判 / 071

巧用激将，帮你立刻成交 / 072
声东击西，掩盖真实意图 / 075
欲擒故纵，摆出无所谓的态度 / 079
换位思考，助力成功的谈判 / 082
深藏不露，以免被对方看透 / 085
排除干扰，咬定目标不放松 / 088

第五章 读懂心理——掌握谈判的主动权 / 091

拉近距离，让对方产生认同心理 / 092
给对方多一些"表现"的机会 / 095
寻找共同话题，可以一见如故 / 098
恰当赞美，让彼此的关系更进一步 / 101

互相尊重，是谈判成功的前提 / 106
幽默语言，永远都受欢迎 / 108

第六章 学会倾听——把情报"听"出来 / 113

要想谈判成功，就要先学会倾听 / 114
倾听时，别忘了给予对方积极的反馈 / 117
懂得倾听要点，才能找准谈判切入点 / 121
听出暗示信息，言外之意也很重要 / 125
根据对方声音，判断对方性格 / 128
不急于反驳，先听对方把话说完 / 133

第七章 察言观色——洞悉对方真实意图 / 135

洞察力，深入对方内心的武器 / 136
服装搭配藏着对方的真性情 / 139
留意对方眼神，微妙心理全在其中 / 141
读懂对方的面部表情，谈判事半功倍 / 144
肢体语言解读 / 147

第八章 运用技巧——步步为营，赢得谈判 / 153

即使处于劣势，也要稳住步伐 / 154
正面语言，更有说服力 / 157

不可流露胆怯，适当摆出"高姿态" / 161

步步施压，轻松占据优势 / 164

遇强则强，压制对方嚣张气势 / 170

突出个性特质，塑造良好形象 / 174

第九章 抓住要领——走上谈判成功的捷径 / 179

就事论事，避免带入个人情绪 / 180

不要把话说死，时刻留有余地 / 184

谈判"六忌"，每一点都很重要 / 189

除了交换，不要轻易让步 / 194

刚极易折，攻势不可太激烈 / 199

言简意赅，不要长篇大论 / 202

第十章 实战解析：采购谈判的策略与技巧 / 205

了解采购谈判的背景 / 206

采购谈判的类型及特征 / 210

采购谈判的基本流程和步骤 / 212

采购谈判的常用策略 / 218

采购谈判的四大谈判技巧和四大让步原则 / 223

采购谈判的三种常用方法 / 229

采购谈判报价策略 / 232

第一章 了解谈判——谈判无处不在

我们在生活中，难免要同形形色色的人进行谈判，而谈判的对手可能是上司、同事、姐妹、竞争对手、邻居等，任何一个遇到的人都可能成为谈判的对手。而谈判可能是为了涨100元钱工资，为了多看一个小时电视，为了提升职位，为了用更低的价格购买商品……由此可见，谈判在我们的工作生活中，无处不在。

什么是谈判

尼伦伯格说："当人们想交换意见、改变关系或寻求同意时，人们开始谈判。"那么，我们对于谈判，是否都清楚和明白呢？

一、谈判的基本概念

一位女士把自己的一个橘子给了邻居的两个孩子，却不想引发了两个孩子的争吵。因为这两个孩子不知道如何来分这个橘子而吵来吵去，吵了好长时间也没有个双方都满意的结果。后来，其中一个孩子实在吵不动了，就问另一个孩子要橘子做什么。这个孩子说，他想要橘子皮泡水喝，因为这样对他的咳嗽有帮助。然后，这个孩子又反问提问的孩子，他要橘子干什么。这个孩子说，他想要橘子的果肉，因为他想试着能不能用来榨成果汁喝，他想喝橘子果汁。最后两个孩子一个分到了全部的橘子皮，一个分到了全部的橘子肉，两个人都开开心心地回了家。

案例中两个孩子就"橘子"如何分配的问题进行沟通和交流,当了解到其中一个孩子是想要橘子皮泡水,而另一个孩子想要果肉榨汁之后,两个人达成了和解,最终各自拿到自己想要的东西,双方都很开心。由此可见,真正的谈判由"谈"和"判"两个字组成。"谈"是建立在谈判双方充分的交流、充分的沟通上的。"判"就是对一件事情做出判断,但这个判断是有前提的,要求对判断的事情有充分的了解,掌握的信息比较全面,然后才能做出准确的判断。所以,谈判就是双方针对共同关注和关心的事情和问题,相互交流、沟通和交换意见后,从而获得解决的方法和途径,最终达成协议的一个过程。

这里有两个元素需要明确。一是谈判的前提是有共同利益。而共同利益是谈判进行的核心基础,没有共同的利益是不可能构成谈判的。比如你在大街上随便拉住一个陌生人就跟人家沟通和谈判,让对方给你 100 元钱。陌生人是不会平白无故掏 100 元钱给你的,因为你们之间没有共同的利益。即便是陌生人给了乞丐 100 元钱,也是出于同情心,为了满足自己做好事的愿望。二是谈判必然是相互交流的。这种交流是一种互动的行为,如果有一方不配合那就构不成谈判的因素。比如你在街上拉住陌生人要 100 元钱的行为,如果陌生人不理会你,那么不但无法进行谈判,甚至还会招来陌生人的拳头,怀疑你故意讹诈。

二、谈判的目的

所谓谈判的目的，显而易见就是想要达成一个目标，也就是说谈判的目的、方向和对谈判的期望。比如商务谈判的目的，当然是要达成一笔双方都满意的交易，从而确定正确的谈判方案、方法，最终为谈判的成功打好基础。谈判的目的是一种在主观分析基础上的预期与决策，是谈判所要争取和追求的根本因素。

某生产机械设备公司因为拓展生产规模，引进国外的某项技术进行升级。日本一家公司报价33万美元，公司的负责人通过考察，对日本公司的技术比较满意，准备与日本公司进行合作，但唯一美中不足的是对方的价格有点高，希望能够通过谈判与日本公司商量价格，希望对方能够降下价来。于是，在谈判前，公司的负责人对日本公司的技术进行了详细的调查和了解，掌握了日本公司在技术和服务中的两个不足环节，在后来的谈判中，公司的负责人抓住了这两个环节与日本公司据理力争，经过几轮的谈判，日本公司还是做了让步，双方以23万美元成交。

这个案例告诉我们，谈判的目的不是一味地让步和退步，而是据理力争，让自己的利益最大化。所以，在任何谈判中，其实都是为了实现双赢的局面，也就是说谈判的目的要实现的不是谁输谁赢，而是双方的成功。那么，作为一个精明的谈判者应该怎么做呢？答案非常简单，那就是寸步不让，除非交换。

三、谈判的特点

谈判有广义上的谈判，也有狭义上的谈判。广义上的谈判是指一些在正式的场合之外的谈判。比如一些协商、交涉、商量、磋商等，都叫谈判。狭义的谈判，专门指那种在非常正式的场合下，进行的谈判，也就是人们常规印象中的那些谈判。结合谈判的形式、内涵分析，无论是广义的谈判，还是狭义的谈判，都具有以下几个特点。

（一）谈判总是以某种利益的满足为目标

尼伦伯格指出，当人们想交换意见、改变关系或寻求同意时，人们开始谈判。由此可见，谈判的目标是以满足某种需要才建立的，这是谈判的基本动机和基础。而这些需要可能是交换意见、寻求帮助、协议交换等，只有当这些目标自身无法达成，需要他人来协助时才组织谈判。而且这种需要与谈判的要求是同步的，也就是需要越急切，谈判就越急切。

（二）谈判必须是双方的人或单位参加

如果只有一方，则无法构成谈判，也就是说谈判不能正常进行下去。这也是谈判的一个基础条件，其中一方的需要，必须是

谈判的另一方或多方能满足,这样才能形成谈判。比如,在一桩简单的商品交易的过程中,只有买方,或只有卖方,都不能进行有效的谈判。只有当买方想购买卖方的商品,而卖方也能提供给买方商品时,双方才能进行谈判。由此可见,至少有两方及两方以上的参与,才能构成谈判。

（三）谈判是协调行为的过程

谈判只要一开始,就意味着有问题出现了,需要通过谈判来解决。但因为谈判双方肯定在思维方式、个人利益和行为习惯等方面存在着很多的差异,只能通过谈判来谋求共同点,所以谈判就是一个寻找共同点、一种协调的过程。因为解决问题和满足需要并不可能是一步到位的,都需要一个过程。而这个协调的过程,不一定只进行一次,有时候会因为各种新情况的出现而不停地反复进行。但有一点我们要明白,谈判可以让一切成为可能。

黛西是一家公司的主管,经常代表公司出席各种谈判,在职场杀伐果敢,拼出了属于自己的一番天地。有一次回老家同学聚会,她遇到了自己多年不见的老同桌S,这位同桌上学的时候性格腼腆,不善与人交际,没想到见面之后虽然看起来成熟了很多,但是黛西感觉她还是老样子,没什么变化。聊天中,S聊起了自己的很多事情,其中感觉到最窝心的就是自己的工作,非常不顺心。在黛西的追问之下，这位S才说出原委。原来她在一家公司兢兢业业干了8年，是一名老员工。因为她加入公司的时候，公司正处于初创时期，所以给她的工资并不是太高，因为热爱这份工作，也想着这个初创的公司成长的空间会更大，所以S就没有计较工资低，踏踏实实地在这个公司干起来了。一晃8年过去了，现如今她的工资虽然中间加过几次，但相比同行，她的工资还是很低的水平，因为她是老员工，无形中工作和责任都比别人要多。但她因为自己的性格，从来没有和公司的总经理就自己的工资和报酬谈判过。因为她有很多的担心，怕这8年来的交情和好印象就此打破，怕失去这份工作，怕以后在公司会更加难做等。

黛西听完S的讲述，愕然发现身边有很多这样的人。很多人在工作中，遇到这种问题，解决方法都非常简单，要么简单粗暴要求公司负责人加工资，要么什么也不说，直接跳槽。很少有人想到用谈判的方法来和平、公平和周全地解决问题。于是，黛西便帮助S和公司的总经理谈判，她和S一起整理了她的工作经历、技术能力、专业特点和8年来在公司从事过的职务、分工，以及完成过哪些重要的任务、活动和项目等，制作了一份表格。在此基础上，黛西又帮S制订了一份详细的谈判方案，包括谈判的阶段、方法和步骤等，进行了充分的准备之后，S终于鼓足勇气去和公司总经理谈判。虽然S是第一次谈判，但因为她有理有据，且方法得当，公司总经理没有责怪她，反而很欣赏她这种做事的方法，对她另眼看待。后来，在一次公司的业务会上，公司总经理甚至提出让S把这套谈判的方法总结出来教公司里的员工，这样当大家遇到工作中的问题时，就可以通过良性谈判的方式很好地解决，提高沟通的效率和工作的效率。

　　从这个案例中我们看到，其实很多感觉不容易解决的或者无从解决的问题，完全可以用谈判来解决。事实上，案例中的S没有意识到这一点，如果她的职业生涯是30年，那么在剩下的22年里，她因为害怕通过谈判为自己争取利益，每年就会因此损失5万元的收入，22年里她可能会损失100多万元，这可是一笔不小的收入。那为什么通过谈判就可以轻松解决的问题，大家却很少去做呢？因为，很多人认为谈判是一件很痛苦的事情，也必然是不受欢迎的，一定会出现有一方利益损害的情况，而不是通过正确、科学的谈判方法，让双方达成共识，更好地实现共赢。

　　随着现代社会的不断发展，在缓解矛盾、沟通思想、维持平衡等方面，谈判已经成为一种必要的手段和方法，所以在工作和生活中运用得越来越广泛，所发挥的作用也越来越不容忽视。甚至有些学者认为，因为谈判渗透性极强，随处可见，甚至人与人

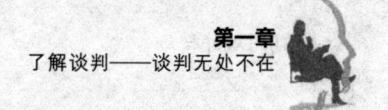

之间基本的沟通和交流都可以定义为谈判，所以谈判也会越来越平常化和通俗化。所以，通过提升自己的谈判技巧来克服自己对谈判的恐惧，可以在工作和生活中为自己争取更多曾经认为不可能的利益和机会。

谈判的基本过程

谈判是需要用知识和勤奋来经营的，其目的在于从你所需要的人之中得到帮助，竭尽所能地去获取他人的好感，从他人手中得到我们所需要的东西。虽然，人人都可以成为"谈判专家"，但要想取得一场成功的谈判，必须在谈判中遵循以下几个基本过程。

一、谈判的准备

谈判准备阶段的主要任务是做一些谈判的准备，进行一些调查、情报搜集、制订方案、做好规划、与谈判方联系等方面的工作，这个阶段的工作对于谈判的成败影响很大，不仅可以让谈判方感觉到我方做事情很有规划性、具有谈判实力，也可以与谈判对手建立友好的关系，从而影响对方的期望，为谈判的成功和进行创造有利的条件。

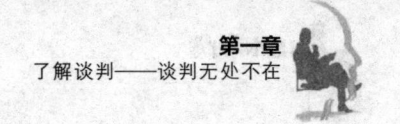

二、谈判的开始

开始阶段，也就是开局阶段，专指谈判开始之前，就是没有正式进行的阶段，双方刚刚交涉，还没有真正涉及谈判的实质性问题，虽然只是一个铺垫和前奏，但是对于整个谈判的成败起着关键的作用，初步营造了一个开局的氛围和风格，对于后边的谈判影响至深。因为是双方初次交涉和谈判实力的首次展示，会直接影响到后边谈判的主动权在哪边。所以，开始阶段，营造有利于谈判的氛围，展示自身的良好形象，占据有利的谈判地位起着至关重要的作用。

三、谈判的摸底

摸底阶段是指谈判开始之后，一直到谈判进行到实质性的阶段。在这个过程中，双方会通过前期的一些必要沟通和交流后，了解对方谈判的目的、想法和意思等，从而探明对方的实力、真正需要和谈判的目的。掌握了基本情况之后，再制定继续谈判的方法和策略，并首先对双方无争议的问题达成一致。同时，会根据摸底的情况评估报价和还价的空间，做好充分的准备。摸底阶段，虽然不能直接影响到谈判的成败，但是会影响到最直接、最关键性问题的成效，比如报价和还价，做到心中有数。同时，在此过程中，双方通过互相的摸底，都在随时调整自己的谈判期望与策略。

四、谈判的磋商

磋商阶段就是对方报价之后，双方准备成交，进行磋商，这是整个谈判中的重头戏，也是最重要、最难的部分。在这一部分，双方的谈判策略、方法和技巧都有了用武之地，每一个举动都会直接影响到谈判的结果。它包括报价、讨价、还价、要求、抗争、异议处理、压力与反压力、僵局处理、让步等诸多活动和任务。磋商这个阶段并不是单独存在的，它与摸底阶段相互交织在一起，双方如果在价格问题上暂时谈不拢，又会回到其他问题继续洽谈，再次进行摸底，直至最后就价格问题达成共识。

五、成交阶段

成交阶段指双方的谈判内容、需要条件达成一致之后，双方开始进行成交的阶段。成交阶段并不意味着谈判已经成功，所有的问题、需要都得到了满足，离成功只差半步，成交的时机到了而已。事实上，双方在这个阶段，还要针对谈判的核心问题，进行最后的谈判，进一步确认，对一些细节问题进行梳理，但双方主要的分歧和差异已经不存在了，基本可以进行成交。成交阶段的主要任务是对前期谈判进行总结回顾，进行最后的报价和让步，拟定合同条款及对合同进行审核与签订等。

六、谈判的协议

谈判协议合同的签订，意味着谈判可以暂时结束，但并不是说谈判已经可以画上句号了。因为，谈判的真正目的，不是达成共识，签订一个协议，而是后期双方忠实地履行协议，这才是谈判最重要的组成部分。这个阶段的主要任务是对谈判进行总结和资料管理，确保合同的履行与维护双方的关系。

学会谈判，能让你的人生更加顺利

在现实工作和生活中，很多人认为，谈判是一种高级别的活动，都是与外交事务、国家大事、商界竞争相关，普通人则与其无关。事实上，随着现代社会的不断发展，谈判在缓解矛盾、沟通思想和维持平衡方面发挥着重大的作用，广泛存在于社会的方方面面，包括国家间、社会间、公司间、家庭间的一些需要协调的事情，涉及人与人之间的沟通和交流，无论是讨论处理办法，还是相互议订规则，寻求某种共解，都离不开谈判。

比如去商城买东西的时候，我们要想以最低的价钱买到品质最好的商品，那么就需要同商城的导购讨价，这就是谈判；到某个公司应聘，针对工资福利待遇、工资休假等关键的事项，也要和公司进行谈判；感觉自己工作的付出与得到不成正比，需要与公司的领导、管理人员进行交涉，这也是谈判；上门去推销商品，为了把自己的产品卖出去，围绕上门服务、优惠政策等方面，要和客户进行谈判等。如此种种，在人们的工作和生活中，很多环节都离不开谈判。所以说，"学会谈判，能让你的人生更加顺利"是有一定的道理的。

一、相对于其他解决矛盾和纠纷的方式，谈判的成本最低

某市的王老板想进军红酒行业，却苦于没有资金。在这种情况下，他想到了一个办法，亲自到红酒厂家去谈判。他希望厂家能够支持他创业，能够在首轮提供一些产品支持，能够给他10万元的红酒，好让他去开拓市场，并拿出了自己的市场开拓计划。苦于没有销路的红酒厂，在谈判之后终于答应给他10万元红酒的支持，共同联手，去开发市场。最终王老板实现了以最低成本进行创业的计划，而不用到处筹措资金了。

一般情况下，普通人要想解决争论和矛盾的方法主要有以下几种。一是施压。通过示威、游行等活动来解决，但是风险大，双方损失都不少。二是评理。通过去法院打官司，但这个过程漫长且又浪费时间和精力，结果并不可控，也无法预测。三是谈判，这种方法是唯一可以利用自己的智慧、实力来解决问题的途径，可以实现以小博大的效果。比如，案例中的王老板就是通过自己健全的销售网络、有战斗力的营销团队作为谈判的条件，

以小博大，最终突破了厂家的门槛壁垒。而他也没因为资金的不足，而去到处借债。

二、学会谈判将给企业带来更多的利润

美国某家汽车企业，因为生产的汽车成本太高，导致汽车在市场上没有竞争的优势，一直在寻找压缩成本、控制成本的方法。后来，这个公司起用了一个采购部的经理，这个人帮助这个汽车企业轻而易举地解决了这个问题，半年之内，让公司省下了好几千万的成本支出。那么他是如何做到的呢？原来，他上任后只做了一件事情，就是把企业所有的供应商都找过来进行谈判，希望他们能够重新考虑供货价，并给他们提供了汽车企业销售情况汇报表，让他们对公司未来的发展充满信心，希望他们帮助汽车企业在市场竞争中站稳脚跟，从而和他们的合作长久下去。这样几轮谈判下来，供应商们纷纷表示愿意支持，无形中就给汽车企业节约了成本。

谈判是一种商务技能，销售可以通过与采购方的谈判为企业获得较高的销售价格；采购则可以通过与供应商的谈判降低采购价格，而通过谈判争取来的每一分钱，都是企业的净利润，这个驱动力非常大。比如某企业的某产品通常售价是1000元，如果业务员谈判水平提高了，售价提高到1200元，则提高的

200元就是净利润。同样，企业在采购时所节省的每一分钱也都是净利润。

三、工作和生活中时时刻刻离不开谈判

谈判的场景在我们的生活中随处可见，因为这个谈判的过程非常简单，包含着很多默契和认可，让谈判充满生活的艺术。比如在教育孩子方面，如果孩子在学校不听话被老师处罚了，很多家长会这样来教育自己的孩子：

我觉得老师处罚得很好，作为学生不认真上课，被老师抓住了，就应该罚。如果再不好好改，老师罚你更多。

这种交流的方式强势而且霸道，作为孩子的一方通常只能屈从，最后的结果可能是孩子因为长期被压迫变得叛逆，没有主见，出现自卑心理或者憎恨老师，对学习缺乏兴趣等。所以，在教育孩子的同时，不妨用谈判的思维来帮孩子分析事情，因为谈判的双方必须是平等的。有了这种思维，以上案例的处理结果就会大不相同。我们可以这样对孩子说：

你被老师批评，我们跟你一样，也很难受。我们相信你是个优秀的学生，其实老师也是这么认为的。上次老师不是还表扬你说你很懂事，乐于助人吗？这次老师处罚你，确实是你没有做好，谁都有犯错的时候，只要你改正了，老师一样会喜欢你的。

谈判的思维，让我们从孩子的角度去感同身受，让孩子有一种获得尊重的感觉。这样我们再提出自己的观点和要求时，孩子接受起来就容易了许多，谈判就自然而然地成功了。

第二章 提升能力——增强你的谈判能力

谈判首先是一门科学，在实践中，由于运用了心理学、商务学、营销学等方面的知识和技巧，所以，谈判又是一种货真价实的能力。所以，无论是哪种谈判，比如商务谈判、外交谈判、劳务谈判等，谈判能力对于谈判的成功与否都起着非常重要的作用，双方谈判能力的强弱差异决定了谈判结果的差别。

专业力：谈判者要表现得足够专业

一个爱把玩古董的收藏者在一家古董店里看中了一个小鼎，心中欢喜得不得了，于是上前看了又看，因为怕损坏了真品表面的历史痕迹，所以，这个收藏者连碰都不敢碰，还小心翼翼地戴上了手套才敢轻轻捧在手中端详。

"老板，这个多少钱？"收藏者一边把玩着，一边问店里的老板。

老板审时度势，看这位客户如此喜欢，于是便抬高了价钱："这可是难得一见的真品啊，只要10万块钱便可以收为己有了。说不定再等几年，您再一转手，卖个几十万、几百万都不成问题。"

"哈哈……"收藏者笑了笑，接着说，"您看我像是不识货的人吗？"

"您这话说的……我就是看您识货，才给您说实话。不识货

第二章
提升能力——增强你的谈判能力

的，我还不搭理呢，为什么呢？您说，他只嫌贵，也不明白其中的历史价值呀。"老板的反应也可谓是灵活。

"要说历史价值，它可没有。这个我想您清楚，因为它是个仿制品。"

"不会吧？您看这外表，像是能仿出来的吗？"

"您开这古董店有年头儿了吧？不会不知道如何鉴别吧？您看，从色泽上看虽然的确相似，但是细看这个着色的纹理，还有内壁……"收藏者就像老师给学生讲课一样，从做工的工序到时代的历史背景，一一揭开了这个"赝品"的面具。

"经您这么一说，还确实是。我当时也想过这看起来像是青铜鼎盛时期的制品，但外纹上又不像是那个时代的风格。您倒是比我看得透彻啊，一看就是行家。"

"我可是玩了一辈子了，从小就跟着我爷爷玩古董。"

"得，我算是碰着高手了。我当时可是花了1000块才淘回来的。"

"500块。即使是高仿品，这个价格也不低了。"没等老板把话说完，收藏者便直接喊了价。

"这也太低了吧？"

"谁让它是赝品呢，如果是真品，别说10万，就是20万我也不惜舍财取爱。您就当作工艺品卖给我算了……"

"那就800块吧,我赔200块钱卖给你算了。"

"得,谁让我一眼就看上了呢,就当为你捞点成本吧。成交。"

事实上,案例中的收藏者心里明白:虽说的确是个赝品,但是在青铜器后期一段时间内出现的高端仿品,也称得上是古董、珍品。因为市面此类藏品很少,所以,它的价值是远不止几千元、几万元。收藏者因为古董鉴别的知识十分深厚,所以在谈判的过程中便占据了主攻地位,让古董店老板顿时没了气势,不敢再坚持高价。

如果说对专业知识的充分掌握让收藏者受了益,那么古董店老板就成了因为专业知识掌握不到位的受害者。他对古董鉴别这类学科并不是一无所知,做这门生意,多少都会有些了解,但是因为"知识不够",对古董鉴别的深层知识没能全然掌握,所以才让收藏者钻了空子,对其所说的话"点头称是",全然信之。于是,一件价值不菲的古时罕见仿品就这样被当作一个工艺品廉价卖掉了。

谈判也一样,通过谈判的问题,都涉及某一行业、某一领域,或者针对某一事物。那么,在这些行业、领域和对事物的认识越深入,就可以越从容地应对,可以轻易识破对方言论的真假。否则很有可能会像案例中的古董店老板一样,因为自己没有

那么深的专业知识，而在销售中处于被动地位，让自己赔了本。所以，要做一个优秀的谈判专家，就必须让自己"专业"起来。通过最大化挖掘自己的潜能，通过运用各式各样的知识，融会贯通，然后再加以判断，才能在谈判中占得上风，用精准的言论达到震慑的效果。这样不但能促进谈判顺利进行，还有利于最终说服对方，促成有利的谈判结果。

合法力：通过包装自己提升影响力

影响力就是利用合理资源扩大自己的谈判势力，比如，政府政策、法律法规、职位、头衔、授权、品牌、证书、衣着、形象等。在很多情况下，头衔就是一个人的标记，如人的姓名，人们认识人往往就凭借这个标记。因此，在谈判中巧妙地利用这些资源，可以取得意想不到的效果。比如这样的介绍：

这是我们公司的总经理，本次谈判我方的首席代表……

总经理的头衔显示着与其本人相关的能力，具有这样的头衔且亲自出席，也显示出对谈判的高度重视和志在必得的决心。除了头衔、称号等荣誉，汽车、手提电脑等象征财富的工具也可以成为判断你实力的标志。至于在外地谈判时，你住的旅馆，请对方吃饭的饭店标准，也可能成为一个细心的谈判者考察你实力的一方面。

那么，该怎样给自己一个好的包装呢？

第二章
提升能力——增强你的谈判能力

首先，学会巧穿衣，有利于谈判成功的衣着打扮首先应与身份一致。上至国家元首，下至公司的普通职员，都可能成为谈判者。谈判时要根据自己的身份来选择衣着。比如，作为一家公司的负责人，在出席谈判时要对自己的着装用点心思，让自己的穿着更加正式和严肃一些，不能太过随意，否则会让人感觉实力与身份不相符。所以，谈判中不是让自己的穿着如何时髦和华贵，而是要给人正式、整洁的感觉。如果你是一个谈判的助理，那么就要注意自己的着装不能盖过谈判的首席代表，要让自己的衣着与周围的环境相衬。比如在谈判场合，你却穿了参加酒会的晚礼服，这样会让对方感觉你的做作；或者你只穿了个大背心和大裤衩就出席，会让对方对你的实力产生严重的怀疑。

其次，合理引用和利用法律法规条款，包装自己的项目、产品和优势，使其显得更加"合法"，从而增加自身谈判的筹码。与此同时，也要注意在谈判中利用法律法规条款保护自己的权益。

在一些工程承包合同中，工程的承揽人如果将其承揽的业务交给第三方来完成，那么这种行为，要汇报给工程施包方，如果施包方没有同意这个第三方，那么这个合同则视为无效，施包方可以自行解除合同，也可以通过法律来解决。为了防止这种情况的发生，工程施包方可以把这些注意事项写在合同中，对承揽人

做出要求。相应地，如果承揽人在施工的过程中，施包方无故增加工作量，提高施工要求，给承揽方带来了经济损失，那么承揽人也可以通过法律来维护自己的权益。

  这个案例告诉我们，商务谈判的目的，必然是追求利益，是以利益为目标的。因此，为了达到和获得这些利益，谈判双方必然会运用自己可以运用的方法、技巧和手段来为自己争取，甚至利用一些法律法规为自己争取最大的利益。法律的存在，就是为了合理地保护当事人的利益，当事人必须像案例中那样，合理地利用法律来达到预期的谈判目的。

感受力：让对方感觉自己才是赢家

李先生一直经营地暖设备业务，最近他在跟进一个大公司，如果这个公司能够从他这里为公司的办公楼采购地暖设备，那么李先生会获得一笔丰厚的利润。双方经过几次协商，谈判已经进入白热化程度。但此时李先生的客户却认为李先生的报价有点贵，他们感觉合作不太可能。但李先生在谈判中据理力争，他拿出自己的设备与其他供应商的报价进行了对比，认为自己的价格很实惠，没有多少利润。但客户却认为，不止这一幢办公楼，他们马上还会再盖一幢办公楼，到时候可以再从他这里采购，这样他就会获得更多的利润。对于这一点，李先生没有急于反驳，他想了想，觉得客户说得也挺对，这样他就会再赚得多一点，于是就认同了客户的说法。客户接着问，那你能不能再便宜些？李先生说，自己的公司也是刚起步，很多方面都需要用钱，如果能长期合作当然是不错的，所以可以再优惠一些。客户不死心，还想让李先生降价，但这一次李先生不再降了，他说这是自己给朋友的价，基本就不赚钱了，所以没有办法。这也是非常珍惜跟他们的合作，按给朋友的价格给了他们，是把他们当朋友对待了。客户听到这里，也就不再说什么了，决定合作。最后客户和李先生握手，这次谈判圆满结束。

这是一场非常成功的谈判，这个谈判成功的关键是李先生通过感受力说服了客户，自己的公司是初创的，自己给朋友才会这么低的价格等，而客户也通过这些事实，感受到了李先生的诚意，当李先生满足了他们降价的心理需求时，也就不再纠缠价格的问题了。这就是一个出色的谈判高手常用的方法，不仅能够保住他们自己的利益，还可以让客户带着满足感最终和他合作，而且这样的合作还可以长久地进行下去。

在谈判中，我们经常会看到这样的情况，当谈判的一方暂时处于失利的状态时，另一方就会得意于自己的聪明，进而不停地逼对方让步。其实这样做是非常愚蠢的行为，会让对方感觉自己不仅谈判失败，而且吃了亏，即使双方最终达成了合作，也不会愉快。一个出色的谈判者，应该是让自己利益最大化的同时，还让对方感觉没有吃亏，这样双方才能在一个愉快的氛围中继续谈判和合作。

所以说，谈判归根结底就是一种心理策略的运用，很多人天生有一种征服欲，所以在谈判的过程中，只是一味地满足自己的心理欲望，陶醉在自己的胜利中。这是一种极其错误的认识，真正出色的谈判者，不仅是用自己的口才赢得谈判，更是在说服对方的同时，让对方有满足感。

幽默力：营造更加轻松的谈判氛围

在一次重要的谈判中，双方以前未有过任何接触，气氛略显沉闷，让人感到非常的压抑。在这种情况下，能否谈判成功，双方心里谁都没底，一下子乐观不起来了。这时甲方的代表开口了：

"张经理，听说你是属鼠的，属鼠的都聪明啊，怪不得贵厂能办得如此红红火火。"

"谢谢，可惜我的聪明也不是一直有用武之地。"

"为什么呀？"

"我夫人与我属相相克，我被降住了！"

"那么您妻子……"

"她属猫！"

就这样，谈判双方你一句我一句，用随意的几句幽默话题，让原本的谈判气氛开始活跃起来，沉闷一扫而光。双方也在这种

幽默中，拉近了关系，没有了距离感，自然为后续的谈判成功奠定了基础。

著名现代作家、文学研究家钱钟书先生在国内外学术界都享有很高的声誉，他也非常幽默。有一次，一位英国女士慕名求见，钱钟书先生委婉拒绝说："假如吃了鸡蛋已觉得不错，何必还要认识那下蛋的母鸡呢？"

虽然是拒绝，但是没有伤和气，听起来还有情有义。应用幽默力，可以让谈判在一种更加友好的氛围中进行，即便在回绝对方的情况下，也不容易树敌。

故事力：打动人心，增强说服力

在一期综艺节目中，各个奇葩辩手"八仙过海，各显神通"，都使出了浑身解数，舌灿莲花，金句频出，捍卫自己的立场。在"亲戚总不拿自己当外人，该不该拒绝回去？"的议题中，一位正方辩友在回答这个辩题时讲了自己父亲的故事。

他说，他一生都没有拒绝过亲戚，因为他的父亲都帮他扛了。他的父亲是老警察，凭着自己的本事在城市有了一定的地位，亲戚就凭关系找他帮忙，不是求着介绍工作，就是求着解决户口，一点都不拿自己当外人。而他的父亲呢，照单全收，能帮就帮，简直是"老好人"的代表。这位正方辩友还打了个特别的比喻，将他的父亲比作《人民的名义》中的祁同伟，总是不遗余力地帮亲戚解决问题，但不同的是，他的父亲有一天幡然醒悟，决定不再帮他们了。

这一次之所以把亲戚拒绝回去，是因为他父亲发现了人性的

第二章
提升能力——增强你的谈判能力

三个奇妙之处。第一，只要人生中有捷径，那么很快就会变成唯一的路。一旦亲戚们发现有捷径可走，就会不停地找他父亲帮忙。当所有的亲戚都找他父亲帮忙时，他父亲必须一碗水端平，二舅子的忙帮了，三舅子、小姨子的忙也得帮，于是无缘无故地给自己平添了很多的麻烦。第二，一个人做了十件事，有九件做好了，只有一件没做好，那么所有的人就会记得那一件没有做好的事，因此就会让人心生抱怨。第三，人们会滋生出奇怪的依赖特性。不停地帮助，会引发被帮助者不停地依赖，最终导致帮助者疲惫不堪。而拒绝帮助不但没有隔断与亲戚之间的关系，还让亲戚关系变好了。因为拒绝会让他们明白，关系帮不了人一世，拒绝会让人成长，让人学会独立去做事。

最后，这位正方辩友用讲故事的方式抛出了自己的论点："给人性留一丝余地，它就会给你撕出一个世界，所以必须直接、肯定地拒绝。"这位辩友的故事因为真实、动人，所以获得了导师、队友和在场评委的一致好评。

反方辩友很快便察觉了正方辩友所讲故事的漏洞，在发表自己的评论时指出，今天讨论的对象是亲戚，不是朋友。如果是朋友，我们有义务让其成长，而如果是亲戚，我们是没有这层义务的，亲戚是我们必须要接受的那一层关系。由此可见，故事说理，虽然可靠，但我们也要学会警觉，别轻易被对方绕进去。

这也是一个非常经典的案例，这个案例告诉我们，在谈判场合，有一种对手非常擅长用讲故事的方法。无论多么深奥复杂的事物，经过他们的一描一绘，都突然变得容易理解和记忆。故事的厉害之处在于，它可影响、引导和控制人们的情感。听故事时，人们的心态是放松的，他们往往不会太较真，容易随着故事的发展而调动自己的情绪，变得爱憎分明、容易憧憬。在谈判中，不妨适当讲讲故事，增强谈判的说服力。

情感力：拉近谈判双方的距离

在谈判中，多使用一些具有情感色彩的语言，对于谈判的顺利进行，将起到重要的作用。因为情感语言，容易走心，可以很好地拉近谈判双方的距离，增强谈判说服力。所以，在谈判中，要时刻提醒和培养自己，多使用情感语言的意识和行为。谈判不仅意味着晓之以理，还意味着动之以情。特别是在说理的同时，还要考虑如何从情绪上打动对方。利用情感语言作为一个有利的"软武器"，是非常特别的，对谈判的成功与否起着重要的作用，它可以"以言传情"，使谈判得以保持融洽友好的气氛，从而达到谈判的目的。

谈判中情感语言是指带有某种感情色彩的语言，在谈判中的具体使用场景如下：

一、谈判开始阶段

"您好啊！距上次我们见面有一段时间了，那次在网球场真是很开心。"

"很高兴我们又见面了，上次合作非常愉快，希望我们合作再次成功。"

为了让谈判顺利地进行，很多出色的谈判者往往会在谈判开始前，努力去营造气氛，一个融洽而友好的氛围，对于谈判顺利进行至关重要。实践证明，轻松和谐的环境相比紧张的气氛而言，更有利于相互理解和友好合作。在谈判中，当双方还没有进入谈判的主题，此时可以随意聊一些比较轻松的话题，引起对方的兴趣和好感。这种沟通能够增进彼此的友好关系，为正式谈判打下良好的基础。

二、谈判进行阶段

这是我们现在可以接受的最高价格了。虽然市场上还有很多同类产品，但是贵公司的每一件产品都能令我们的顾客满意，所以我们非常希望能与你们合作。

案例中这样的谈判语言非常走心，虽然一开始是拒绝了对方的报价，但是反过头来赞美对方的产品质量，让对方听起来非常

舒服，认为自己的产品遇到了真正懂它的代理商，进而就会转变原先对立的心态，而把对方当作自己的同盟。事实上，在具体的生活和工作中，任何一个人都喜欢被人称赞，称赞是一种最美妙的语言。由此可见，在谈判中多使用赞美的语言，可以在保证双方达成共识、确定合作的前提下，实现利益的最大化。这样，谈判作为利益的协调过程，除了"晓之以理"，还需要"动之以情"作为有力协助。比如一次谈判中，双方在价格上始终未能达成一致，卖方坚持卖价不能再低，而买方恳出更高的价格。如果此时，其中一方能够使用赞美之类的情感语言与对方谈判，对于谈判的顺利进行将起到很大的促进作用。

三、谈判结束阶段

"很高兴我们最终达成了协议。"

"希望我们合作愉快。"

"很遗憾，我们没能达成协议。"

"希望下次能有机会合作。"

谈判结束后，如果在谈判的过程中，多使用情感语言，则可以为对方留下极好的印象，也会为下一次的友好合作奠定基础。一般情况下，谈判的结果只有两种，一种是达成共识，最终成功；一种是谈判失败，双方遗憾而归。成功时，别忘了使用情感语言向对方致谢，表示合作愉快。失败后，也不要摆个臭脸，那样会让自己看起来很没有风度。如果此时说一些情感语言，则可以给对方留下深刻的印象，如果以后还有合适的合作机会，那么对方会首先想到你。所以，在谈判中使用情感语言，或许可以扭转局势，使双方重新有机会进行谈判。即使这次无法合作了，将来某一天也许有再见的机会，运用情感语言则可以体现风度和风范。

第三章 重视谈判前的准备——不打无准备的仗

毫无疑问,谈判的过程是充满悬念的,因为谈判结果有不确定性。通常在谈判中,会分几个阶段进行,且每个阶段都有自己独特而重要的作用,为那些具有出色谈判技能的人提供了一个展示自己的机会。准备阶段虽然看起来不如后边几个阶段重要,却是谈判中后边几个阶段取得谈判进展的重要前提,而且对于谈判者来说,是唯一可以自主把控的阶段。虽然准备阶段的工作不能决定谈判可以成功,但是对于没有准备的谈判,却很难获得好的谈判结果,因为机会始终是留给有准备的人的。

谈判前，营造良好的氛围

有一位富有传奇色彩的商人A，之前从事殡仪馆业务。后来转行汽车租赁行业，他希望与另一位非常有实力的租赁商B合作，通过谈判进行一笔交易。因为B有80多个停车场，A希望与他达成合作，让他的客户能够免费使用停车场，而租车费则由A来承担，但他希望B能对停车费优惠一些。

谈判开始前，A彻底了解了B，在各个方面的信息中有一条引起了他的注意。B是个不折不扣的赛马迷，拥有自己的马，并让它们参加比赛。A知道一些赛马的事，因为他的姻亲也养马，并且也参加赛马。当A走进B的办公室开始谈判时，他很快扫视了整个房间，目光停留在一张加框的照片上，照片是B的一匹马站在一次大规模的马赛冠军组中。他走过去，端详了一会儿，然后故作惊讶地喊道："这场比赛的2号马是我亲戚的。"听了这话，B微笑起来。两人话语投机，后来联手进行了一次非常成功的风险投资。那次成功投资的实体最终发展成为 A 的首家上市公司。

确切地说，在这个经典的谈判案例中，谈判者是利用自己的社会人脉，为了解谈判者的个人情况打通了一个渠道，然后在谈判中将自己了解到的情况再反馈给谈判方，这么做其实是为了让对方放下戒备之心，自己是来和他探讨合作的，而不是通过讨好他而获得某种利益的。由此可见，能够在谈判开始之前，对谈判者进行一些基本的了解，然后在谈判中营造友好和谐的气氛，非常重要，将为后续谈判中双方的沟通和交流奠定基础。

一、谈判气氛的类型

谈判因为谈判目标的不同，谈判对象、谈判环境的不同，谈判气氛可谓多种多样，什么样的都有。无论是哪种气氛，不管是热烈的、积极的、友好的，还是冷淡的、对立的、紧张的，这些谈判过程中的气氛，都取决于谈判前的气氛营造，这个阶段的气氛最为关键。因为这一阶段气氛的好坏，对于接下来谈判中是什么样的气氛至关重要。通常情况下，开局气氛如果是冷淡的、对立的、紧张的，那么对于后边的谈判是非常不利的。开始阶段，营造什么样的气氛，取决于谈判开始阶段的性质、地位，以及进一步磋商的需要。

二、如何营造好的谈判气氛

（一）营造礼貌友好的气氛

既然组织谈判，那么双方都还是希望能够达成共识，促成谈判。所以谈判双方在谈判开始之前，要尽力营造一种尊重、友好的氛围，让双方都感觉到自己被重视，这样会让双方对谈判的成功更加有信心。比如在谈判开始之前，可以安排高层领导出席，与对方接洽，从而表示对谈判方的充分尊重。在谈判的过程中，谈判人员要注意自身的着装，包括语言、肢体语言等，把文明礼貌和相互尊重的行为体现在谈判的细节之中，从而让谈判在一个十分友好的氛围中进行。

（二）营造自然轻松的气氛

谈判开始的时候非常关键，因为这时候是攻坚的时期，谈判双方都是为了获得某种利益、达成某个目标才坐在一起谈判的，很容易出现冲突和僵持不下的情况。这种时候，谈判人员在谈判开始之前，要尽力营造一种自然轻松的氛围，可以缓和一下这个阶段的气氛。比如在谈判中，可以谈一些随意的话题，从而松弛一下双方绷着的神经，而不要过于紧张，导致在谈判中发生争执。

（三）营造友好合作的气氛

谈判中，要拿出一定的谈判诚意，让对方知道自己之所以来参加谈判，就是希望能够达成合作，双方都能在谈判中受益。因此，在谈判中，并没有把对方看作"对手"，而是同盟的"朋友"。基于这一点，友好的谈判氛围，既能为双方下一步的长久合作奠定了基础，也有利于长期的合作。因此，要求谈判者在谈判中，能够真诚地表达对谈判的友好愿望和对合作成功的热切期望。此外，热情的握手、热烈的掌声、信任的目光、自然的微笑都是营造友好合作气氛的手段。

（四）营造积极争取的气氛

谈判都有目标和达成的目的，并不是为了社交，谈判有自己要完成的使命，需要付出方方面面的努力才能实现，而这个过程并不简单。所以，在谈判中，双方要在积极争取的气氛中认真进行谈判，而不是松懈、冷漠地进行。谈判者要表现出谈判成功的信心，比如进取、效率、信念等，让对方感觉，不论有多大分歧、多少困难，自己都要努力去争取一个令双方都满意的结果。

谈判时间的选择，影响谈判效果

有一位非常厉害的采购员 A 到一家意向合作企业进行一场为期 10 天的谈判，两位温文尔雅的企业高管开车前来接他，他们让 A 一个人坐在舒适的后座上，而他们则坐在拥挤的前座上。A 对他们充满了好感。彼此熟悉后，其中一位企业高管说："这车还舒服吧？等你回去时，我们还计划用这辆车送你到机场。"这一切让 A 觉得他们真是善解人意。虽然到目前为止他还没有考虑返程时间，但还是告诉对方大概得 10 天。

接下来，在一周多的时间里，合作企业白天安排 A 参观游览各个景点，晚上让他在高级酒店享受当地传统的美食。每当他提到是不是该谈判了，合作企业高管总是回答："噢，还早嘛，有的是时间啊！"第 8 天，谈判终于开始了，但是合作企业高管还要在当天谈判后请 A 打高尔夫球，于是 A 早早结束了当天的谈判。在第 9 天，他们又进行了谈判，但是合作企业高管还要为他

第三章
重视谈判前的准备——不打无准备的仗

举行欢送会，正题又没说几句。最后，在第10天的早上，他们终于触及了谈判重点。可是，正当A提出意见的时候，接他去机场的车已经到达。合作企业高管还礼貌地说："如果不急着走，我们可以退票。"于是，A和合作企业高管挤在车内一路继续谈判，在登上飞机之前，他们终于达成了协议。

后来，许多年后，A一提起那次谈判就会说："这是合作企业的高明之处。"

这个案例中，那两位负责接待的企业高管是合作企业作为谈判方安排好的，他们很好地利用了A先生的时间，一再拖延不做出任何表示，最后，A先生不愿空手而归的心理让他们占尽了便宜。这种现象并不是谈判者故意而为，而是一种正常的心理表现。所以谈判高手也都是善用时间压力的高手。人们为什么要花费时间进行谈判呢？正是为了取得谈判的成功。如果在谈判刚开始，就对谈判不抱有什么信心，或者没有诚意来进行谈判，那么接下来的所有努力都是一种时间上的浪费。所以，谈判也是一种有价值的投资，并不单纯是你来我往的口舌之争。对于很多人来说，谈判就是为了获得利益，得到相关的回报。所以，在谈判中，花费的时间越久，投入的精力越多，那么促成谈判成功的意愿就会越强烈。

事实上，高明的谈判者都懂得把握节奏，收放自如，因为谈判节奏掌握得好坏会直接影响到谈判效果。谈判的节奏主要反映

在时间的长短和问题安排的松紧两个方面。

一般情况下,谈判的初期,在掌握节奏方面应基于一个"快"字。具体表现在:技术性谈判要抓紧,日程安排也要满,态度要热烈、明朗而坚定,这样做旨在争取时间为更艰巨的谈判做准备,应尽力早日暴露双方的分歧,以便早做准备。而谈判的中期,掌握节奏需稳健。该阶段是解决分歧的关键时期,由于广泛地交换意见,各种分歧均已暴露出来。要掌握"分歧的总分量",将一些非原则、影响不大的分歧,争取在友好、和平、平等的交换条件中解决,从而使谈判不至于全面僵化,也不使自己全线退却。在此阶段要保留一部分欲软化立场的非原则条件,是为了在日后的磋商时可以讨价还价。

最后,谈判后期在掌握节奏方面要快慢结合。谈判后期,多为主要分歧或分量较重的矛盾。这些矛盾引起的原因也往往比较复杂,但无论是哪种原因引起的,在日后矛盾往往都比较突出。为此,谈判中有效把握时间,做到有的放矢,才能成功地驾驭谈判的每一个阶段。

第三章
重视谈判前的准备——不打无准备的仗

选择熟悉的场地，占据主场优势

　　日本一家公司，想购买澳大利亚某公司的煤，为了保证谈判的成功，日本人就把澳大利亚公司的人请去日本谈判。澳大利亚公司的谈判人员去了日本，因为受日本文化的影响，在谈判中特别讲究礼仪，十分拘谨，这让他们受不了，在谈判过程中就表现得非常烦躁。进而让日本谈判方在谈判中渐渐占了上风。澳大利亚人大大咧咧惯了，受不了这种约束，没过几天就想回去。而作为东道主的日本公司，却开始不紧不慢地讨价还价，最终赢得了谈判。

　　这个案例告诉我们，谈判地点虽然看起来不重要，哪里都可以谈判，但这种看法是非常错误的，谈判地点对于谈判的结果会有一定的影响。不同的谈判地点，决定着不同的谈判风格、谈判氛围和谈判基调，所以作为一个出色的谈判高手从来都会把谈判地点当作一个不可忽视的重要环节来对待。

一家日本的公司想与另一家公司联手做生意，但苦于对这家公司的信誉不了解，没有什么可依据。于是，为了解决这个问题，他们把与这家公司的谈判地点放在了一个火车站，这个火车站有一个特别的地方，这里有一座小狗的雕塑。

为什么他们会把谈判地点设在这里呢？原来这里流传着一个故事。故事中的一只犬，名字叫作"八公"，它对主人非常忠诚。有一次，主人出门未归，这只狗就不吃不喝，一直等到死。后来人们把它称为"忠犬八公"，把它看成了"忠诚和信用"的象征，并在传说中的这个地方为它塑了像。因此，许多人为了表示自己的忠诚和信用，都不约而同地把这儿当成了约会地点。

当两家公司的谈判人员来到这里时，彼此都心领神会，不需要太多的表白、言语交流，就顺利地签订了合同。

案例中"忠犬八公"，是一个信任、守诺的代表，这个形象让谈判双方在谈判中的心接近了，认可这个形象，就是双方在价值观上的一致，从而知道对方都是同频的人，置身于这样的环境之中，双方产生信任之情是最自然不过的事情。环境虽然是一种无声的因素，但是比任何有声的语言、有声的因素都要强好多倍，特别是在语言无法表述和表达的情况下，无声的环境所发挥的作用是至关重要的。所以，谈判地点的选择，还可以从心理上进行干扰，进而增强谈判者在谈判中的信心。

第三章
重视谈判前的准备——不打无准备的仗

人，本身就是一种领地意识很强的动物，他的自信与自己拥有的所有东西都有关系，比如场所和物品，离开了这些东西，人就没有了安全感，也找不到自己的存在感，感情和自信则无所归属。美国心理学家泰勒尔和他的助手兰尼做过一次有趣的实验，实验研究证明许多人在自己家的客厅里谈话，更能说服对方。为什么呢？因为人有一种心理状况，那就是在自己的领域内交谈，无须分心去熟悉环境或适应环境。但是，如果在自己不熟悉的环境中交谈，往往会容易变得无法专心，精力分散，从而容易出现一些错误。所以，对一些具有决定性的关键性谈判，最好能够选择自己比较熟悉的谈判地点，这样的谈判结果会比较理想，因为自己会始终处在一个比较自然轻松的氛围之中。如果现实不允许，那么也尽量找一个中立的环境，对双方来说都不太陌生，又不太熟悉的地点，从而减少由于"场地劣势"导致的错误，避免不必要的损失。最差的谈判地点，则是在对方的"自治区域"内。如果说某项谈判将要进行多次，那谈判地点应该依次互换，以示公平。

一、谈判场所设在自己熟悉的地方

谈判场所假如在办公室，或者家里，这些熟悉的地方会有下列好处。

1.能够获得意想不到的同意。

2.避免对方在谈判未成功之前就离开,假如在他自己的地方,你很可能会这样。

3.谈判时你可以自由使用自己的地方,而且可以顾及其他事情。

4.对方来到你的地方,你拥有"地利"。

5.节省旅途上的时间和金钱。

在自己熟悉的地方进行谈判,要为对方进行一些必要的考虑。比如因为对方对谈判地点的周边环境不是很熟悉,那么是不是要问一下对方是如何计划行程的,用不用帮他们安排旅馆,或者订一下机票。在谈判之前做好这些事情,就会让对方感知到自己的用心,从而为下一步营造友好的氛围奠定基础。与此同时,在谈判前,要重点关注以下六个方面的情况,为下一步的谈判做好准备。一是谈判场所准备好了吗?整个环境看来是否舒适,因为从会场的布置可体现谈判的重要性。二是谈判时间安排的充裕吗?谈判中要完全避免干扰。三是谈判的房间摆设方面都安排好了吗?比如灯光、颜色、座位等对谈判都有影响,还有房间要大到足以容纳各种设备。四是谈判的房间里有适当的空气调节装置吗?有没有禁止吸烟的标志,谈判坐的椅子也要舒适,不舒适会使人着急想离开。五是谈判中有没有各种提神的东西随时供应?

因为清晰的大脑有利于双方精力更加集中。六是在谈判的房间旁边，有没有安排一间小房间，作为一个秘密场所的存在，这一点在谈判中有时也会用得到。

二、谈判场所设在对方熟悉的地方

即使到对方家里或者办公室会谈也有下列好处。

1. 你可以全心全意地谈判，假如在你自己的办公室可能会受到干扰，容易分心。

2. 你可以拒绝提供情报，借口说这些情报资料不在身边。

3. 你可以越级和一个职位更高的人洽谈。

4. 对方须要负起准备场所或其他事务的责任。

但这样做，也会给自己带来很多不利的因素。在对方的地盘上谈判，比如他的办公室、他家的客厅等，这样的谈判会让你感受到一种气势上的弱势，属于从属的地位。比如你的对手会坐在他办公桌的大位子，而你则坐在旁边的椅子上，更糟的话，甚至坐在临时搬进来让你坐的椅子上。这种座位的安排，非常不利于你。但要化解这种"对方高高在上"的情况也并非难事，只要建议挪到会议室谈判，在会议室谈判时各方围着桌子坐下，这样可以有效放松心情，有利于谈判的顺利进行。

三、谈判场所设在中立的地方

基于某些因素的考虑，双方在谈判前也可以选择在中立地点进行谈判，中立地点可以给谈判双方带来相同的心理影响。比如，如果觉得在主场或客场谈判干扰太大，那么选择中立地点就是上策。如果谈判之前就预料到谈判的紧张程度，而尽早消除这些因素又非常必要的话，也可以选择中立地点。再有，如果谈判双方陷入僵局或敌意正浓时，那么这时处理僵局的做法之一就是把后续谈判的地点调整到一个中立的地方。

总之，不同的谈判地点具有不同的利弊得失。在选择谈判地点时通常要考虑谈判背景、谈判双方的力量对比、可选择地点的多少和位置、双方的关系等因素来做出具体的选择。

第三章

重视谈判前的准备——不打无准备的仗

谈判座次，无声的空间语言

有谈判专家得出过这样的结论："人们在房里就座的位置是地位的象征，会对探索如何进行意见交换产生策略上的影响，以至于谈判桌的形状和座次安排能代表谈判者所采取的某种特定的谈判方式。"从这句话中，我们可以看出，安排谈判者的座次不是一件容易的事情，需要用心去研究和分析。因为谈判中座次的安排，是一种看不见的语言，而这种语言代表着不同的意思。

一、常见的谈判形式

在常见的谈判形式中，各方在谈判场中的合适的座次安排方法，可分为以下两种基本情况。

（一）双边谈判

双边谈判，是指谈判中有两方的谈判人员参加，这种谈判比较多见，大多数的谈判都是双边谈判。对于双边谈判的座次安排，主要有以下两种形式可以选择。

1. 排桌式。即谈判桌在谈判室内并排放置，客方人员和主方人员分别坐在谈判桌的两边，对立而坐。除双方主谈者居中就座外，各方的其他人士则应依其身份的高低，各自先右后左、自高而低地分别在己方一侧就座。双方主谈者的右侧之位，在国内谈判中可坐副手，而在涉外谈判中则应由译员就座。

2. 长桌式。长桌式座次排列是指谈判桌在谈判室内竖放。具体排位时以进门时的方向为准，右侧由客方人士就座，左侧则由主方人士就座。在其他方面，则与横桌式排座类同。

（二）多边谈判

多边谈判，顾名思义就是由三方或三方以上的谈判成员参加，这种谈判的座次安排也可以分为两种形式。一种形式是自由式，即谈判各方人士在谈判时自由就座，无须事先安排座次。另一种形式是主席式，指谈判室内，面向正门设置一个主席之位，由各方代表发言时使用。其他各方人士，则一律背对正门、面对主席之位分别就座。各方代表发言后，也应下台就座。

二、不同座位安排对谈判者心理的影响

（一）对面式座次安排对谈判者的心理影响

谈判双方分别坐在谈判桌的两边，这样谈判双方都可以注

视到对方，能够有目光接触，这种谈判带来的心理感受是轻松的，双方在谈判的过程中，姿势和语言一览无遗，没有什么小动作，且大家都感觉不受拘束，对于谈判氛围的营造十分有利。

（二）合作式安排对谈判者的心理影响

合作式座位安排会带给谈判者心理上的亲切和随意。这种安排最适合于领导与部下之间的谈心、批评、提意见，或朋友之间的会见，可以在对方不察觉的情况下进入其私人空间。合作式和对面式座次安排，可以随时让谈判双方在一个公平公正的角度进行谈判。

（三）独立式安排对谈判者的心理影响

独立式安排意味着谈判者彼此之间不想与对方打交道，它预示着尽量疏远甚至敌意，常见于公共场所两个互相不熟悉的人之间。因此，如果谈判者之间或朋友之间是比较亲密的关系，就要避免采用这种安排，需要采用别的安排比较合适。

（四）圆桌式安排对谈判者的心理影响

圆桌通常给人以轻松自在感，所以在气氛特别友好的会见场合，都会采用圆桌式谈判。圆桌式谈判能够很好地淡化谈判的对立，从而在心理上营造一种团结一致、亲密无间的感受，所以

运用在谈判中也是非常适宜的。在圆桌谈判中,要注意座位的朝向,通常情况下,面对门口的座位都比较具有影响力。因为西方认为这个座位最具权力感,中国人称为"上座",而背朝门口的座位最不具影响力,中国人称为"下座"。

第三章
重视谈判前的准备——不打无准备的仗

提升自信,坚信自己可以成为胜者

在一部经典电影中,女主人公对男主人公说,每天,一个女人都要对自己说三句话,"我有多迷人""我有多漂亮""每个人都喜欢我"。有了这样的自信,即使是相貌平平的人也会自信满满。

在现实生活中,我们都有理想和目标,对于追求的理想,应该有自信。因为,自信是成功的关键。自信可以让一个人的思想和意志力发挥非凡的力量,正是因为我们的坚持,我们创造了非凡的成就。

虽然谈判不是惊天动地的事情,但要完美地处理它并不简单,总是有困难,比如,对方是否把自己放在眼中?自己的发言会给对方压力吗?对方会认真倾听自己的意见吗?当谈判者在谈判中被这些小麻烦所动摇时,就需要通过自信来鼓励自己,焦虑、犹豫、恐惧和害羞通常是谈判的障碍。所以,相信自己是

谈判中最重要的事情。如果你在交流中"不由自主"或"无能为力",你的谈判肯定会失败。那么如何提升自己在谈判中的自信呢?

一、相信自己一定能够成为胜者

谈判是一项艰难的工作,缺乏自信的人是很难战胜对手的,除非对手比你弱。谈判桌上各抒己见,互不相让,你若表现出充分的自信,就会给对方造成极大的精神压力,对方会觉得你是难以战胜的,因而往往在希望成交的前提下会主动放弃一些努力。所以,在商务谈判中,不管遇到什么样的困难和压力,都要有坚持到底的决心和必胜的信心,就算有时想求和,也要不卑不亢。

谈判就像生活一样,在短时间内,并不是一帆风顺的,可能会遭遇很多的挫折和困难,而面对这些挫折和困难,我们要做的不是逃避,而是直接面对。因为,每一个谈判者都明白,如果想让谈判顺利地进行下去,必须有积极的态度和极大的诚意,这样才能致力于共同问题的解决。但是,每个人对于谈判的态度和反应是各不相同的,有的人认为当问题出现的时候,应该认真面对,认真分析并解决问题,有的则是推卸责任,找对方错误,就是不愿意面对困难,甚至还会做出一些非常出格的事情。这样只会让谈判无法进行下去,使谈判陷入僵局,最终影响协议的达成,甚至谈判完全进行不下去,问题也无法得到解决。

我们说要有自信心,要敢于坚持自己的主张,但这同时也有一个必要条件,就是你的主张和你所做的决定必须是正确的。当然,自信的表露不可以给人以自傲、自负、难以接近的感觉,而是相反。越是在热情亲切、平易近人中体现出来的自信,越是有着不可抗拒的力量。这种力量会使他人更信任、更敬佩、更喜欢你,这在谈判中对自己是十分有利的。

二、充分了解对方意图

朋友A有个美国客户,还没成交之前,要了他们公司出口四个月内的所有防伪证明书,共10多张。朋友A就发现对方重质量,要做的工作就是让对方对质量放心。于是,他在谈判中会发些实验室,实验设备,检验时候,仓储和条件的照片等。在后期客户谈价格的时候,朋友A心里就比较有把握了。对方一提到价格,朋友A就说质量好在哪些细节。对方一提到价格,朋友A就说质量控制该如何完善,最终价格一分钱没降达成了合作。

由案例可以看出,在谈判过程中,自信不是凭空而来的,是建立在对谈判对手信息的掌握程度上的,来源于是否了解谈判对手的谈判目标、谈判实力、谈判意图等,只有在谈判前进行充分的准备，才能在谈判中建立相当的自信，这种自信来自谈判前大量的，细致的准备工作。如果在谈判前一味地看低对方，固执己见，那么这样的自信和自大，对于谈判的顺利进行没有一点好处。

摸透对手底细，增加谈判胜算

李倩在某地区代理某品牌的电风扇，听说B公司近期因为扩建需要在生产车间装一批电风扇，于是联系到B公司希望对方能够采购自己的电风扇。但是B公司告诉李倩，另外有一个品牌的电风扇代理商A也希望供货，B公司希望能够组织一次三方谈判，谁的价格实惠、产品质量好、服务售后过硬就用谁的电风扇。李倩得知这个消息之后，为了赢得谈判马上行动起来，开始了解电风扇代理商A的底细，还列出了长长的摸底清单，比如代理商A的产品有什么优势？价格、服务、便捷性、库存，在哪些方面的优势比自己突出？代理商A的产品有什么缺点？代理商A将使用什么样的谈判策略？

通过详细而全面的调查，李倩在后面的谈判中胸有成竹，虽然代理商A抛出了几个有威胁的合作方案，但都被李倩指出漏洞，最终顺利与B公司成交。谈判过后，李倩告诉朋友，如果

没有谈判前的调查，摸清对方底细，代理商 A 的合作方案中的漏洞，她根本发现不了。

这个案例告诉我们，出色的谈判高手会通过简单的问题作为桥梁，与谈判对手建立联系，或者从对方的情绪、谈判的语言和反应中找出对自己有价值的信息。而对这个问题的回答，则会看对方会如何来回答这个问题。比如对方告诉你，自己刚从外面旅游回来，那么他的心情自然是很不错的。如果对方告诉你，最近很正常，没什么事情，那么，他就是很正常的状态，可以正常对待。如果对方不回答，一脸的难色，可能他最近确实遇到了比较糟心的事情，只是不方便透露而已。此时，你们的谈话可能已经蒙上了阴影。这些信息有时候会奠定整个谈判的基调，左右着谈判的氛围，甚至影响谈判的进程。

此外，在一些商务谈判中，摸清对方底细，还包括在谈判前要搞清楚对方是谁，也就是对方的职位和身份，是老板、采购经理还是采购员？因为，跟不同的人沟通，要有不同的方式，精准出击可以增加谈判的胜算。很多人会问，怎样知道对方的身份？可以通过签名，或者其他的辅助工具，比如名片、桌牌等来判断对方身份。

比如针对采购员，这些人做不了主，他们只是了解信息，进行初步的筛选，然后报给负责人，那么你可以多聊些其他的话

第三章
重视谈判前的准备——不打无准备的仗

题，慢慢熟悉，让他帮你着重推荐，胜算就大一些。针对采购经理，他们掌握着采购权，但又不是老板。那么可以一方面让他信任你，相信你的产品或服务质量，避免让他做了决定遭到老板埋怨；另一方面让他知道跟你合作，无论是对他公司还是对他自己，都会好处多多。而针对老板，他们是企业的所有者、最终决策者，沟通时尽量用整个行业现状来谈。例如，整个行业的状况，他的竞争对手的状况等，你的产品可以让他降低成本，节省人工，可以稳定地、高质量地保证他的工厂顺利运转，可以帮他拿到市场之类，这些好处和优势才是他关心的重点。

制订谈判方案，有备无患

所谓谈判方案是谈判人员为了达成谈判的目标，而制定的谈判内容和步骤，是在谈判的过程中，所有谈判者的行动纲领。谈判方案涉及谈判中的各个阶段，以及谈判中的相关人员，要对谈判的过程、步骤和进度进行周密的安排，进而对谈判工作进行有效的控制和组织，让谈判有方向，又具有灵活性，作用非常明显，否则谈判会变成一盘散沙。以商务谈判为例，谈判方案主要包括以下几个方面。

一、谈判目标

谈判目标是组织谈判想要达到什么样的目标，要做到心中有底。围绕这个目标，明确谈判中要如何去实现，如何去进展，如何去施展技巧等。谈判的目的就是希望用双方都满意的方式去达成一个共同的目标，达成一个交易。因此，对于谈判来说，如果想步骤清晰，规范有序，制定好谈判目标是特别重要的，也是保

证谈判有效进行的基础。谈判目标是在主观分析基础上的预期与决策，是谈判所要争取和追求的根本。按可达成性分为三级目标。

（一）理想目标

理想目标，是谈判的最高目标，也是谈判的终极目标，对于谈判者来说，是利益最大化的、最理想的目标，是所有谈判中最先切入的话题，同时也是最难实现的目标，需要付出大量的努力才可能实现。

（二）可接受目标

可接受目标是在谈判过程中，谈判人员对于各种影响谈判的因素，经过综合的分析、研究和预测之后，确定下来的谈判目标。相比较最高目标，具有一定的弹性和让步的范围，这一目标的实现，意味着谈判的成功。

（三）底线目标

底线目标，也叫最低达成目标，是谈判的最后底线，也就是说谈判方在谈判中必须要达成的目标，如果达不到，那么谈判就没有必要再进行下去。但这也是谈判方的秘密，是受到保护的，不能被对方知道，否则谈判就会陷入被动之中。

二、谈判策略

商务谈判的双方都希望通过谈判实现自己的既定目标，这就需要认真分析和研究谈判双方各自的优势和弱点，即对比双方的谈判"筹码"。在掌握双方的基本情况后，若要最大限度地发挥自身优势，争取最佳结局，就要靠机动灵活地运用谈判策略。也就是说，谈判策略是在谈判中扬长避短和争取主动的手段。例如，工业品的制造商在与买方的谈判中，既要考虑买方的情况，又要关注买卖双方竞争对手的情况。在谈判的准备阶段，要善于利用矛盾，寻找对自己最有利的谈判条件。否则，在谈判中就可能暴露己方意图，以致无法达成预定的谈判目标。所以，高水平的谈判者都会在谈判前审时度势，按照实际情况提前制定灵活的谈判策略，达到保护自身利益、实现既定目标的目的。

谈判前制定谈判策略涉及的内容如表 3-1 所示。

表 3-1 谈判前制定谈判策略涉及的内容

序号	内容	决策
1	谈判结果	单赢谈判还是双赢谈判
2	谈判目标	是否坚持最初的谈判目标
3	议题顺序	谈判议题的重要顺序是什么
4	谈判战术	使用哪些分配性谈判相关的战术或整合性谈判相关的战术
5	说服技巧	在谈判中试图说服对方时，使用哪些技巧
6	谈判资源	如何安排议程，在哪里谈判，何时谈判，何人参与谈判，是否需要第三方
7	应急计划	谈判中出现意外情况，或者谈判未按预期目标进行时的应对措施是什么

一般情况下，制定策略主要步骤包括如下几个方面。

（一）找到影响因素

这是在谈判前，做准备工作时要考虑到的因素，比如要制定谈判策略，那么就要考虑一下，有哪些因素可能影响到谈判的进行，比如谈判的分歧、谈判的实力、谈判的方案、谈判的目标等。

（二）寻找关键问题

在谈判中，对一些表现问题进行分析和研究之后，关键性的问题也不可忽视，要有目的地去寻找这些关键问题，同时对这些问题想出明确的解决方法，做到有备无患。同时，还要弄清该问题对整个谈判的成功有什么样的影响。

（三）确定谈判目标

谈判目标的确定，我们也讲过，需要根据谈判中的具体现实和关键环节进行确定，这样才能得出谈判的目标，这个目标不是凭空想象出来的，需要经过论证和研究。

（四）形成解决方法

这是在谈判策略制定中的非常关键的问题，要对问题进行假设，既能够满足，又能够解决，这样才能做好应对策略。

（五）深度分析假设

针对谈判中可能存在的各种假设行为和谈判的方法，可以根据"可能"与"有效"的原则进行排列和选择。

（六）形成具体策略

在深度分析得出结果的基础上，对拟定的谈判策略进行评估，从而得出最终结论。

（七）拟订计划草案

有具体的策略，还要考虑策略的实施。要从一般到具体列出每位谈判人员必须做的事项，把它们从时间、空间上安排好，并进行反馈控制和追踪决策。

三、谈判议程

谈判议程是对整个谈判环节的确定，包括谈判的议题、框架、原则、时间、地点等方面的全方位的部署。所以，在谈判之前，最先要制定的就是议程。而且要把谈判的议程当作谈判的重要部分，因为议程决定着谈判双方在谈判中的一言一行，会对谈判的结果造成一定的影响。

（一）时间安排

时间的安排在谈判中主要涉及什么时间进行谈判、谈判进行多长时间、每个环节多长时间等，时间的安排决定着谈判的节奏，是谈判中相对重要的因素。如果谈判的节奏掌握不好，那么谈判就会显得仓促和混乱，从而让谈判双方无法进行充分的准备，进而在谈判中不能尽情地发挥。如果时间安排得太过缓慢，

那么在谈判中就会浪费大量的精力和时间，而且随着时间的推延，各种环境因素都会发生变化，甚至会错过一些重要机遇。

（二）场所选择

谈判场所的确定需要结合谈判的具体情况，包括谈判的内容、谈判的目标、谈判的氛围等方面。如果要组织一场正式严肃的谈判，那么就要优先选择那种正式的会议室或专门的谈判室。如果你想营造友好的氛围，那么就要选择有圆形桌、有柔和亲切氛围的场所，能够为双方的友好合作奠定基础。如果你想通过场所给对方施加压力，就要在谈判室内选择具有权威性的桌椅、明亮的灯光和适当的宣传标语等。

如果你不想让谈判显得太正式，希望与对方进行情感层面的交流，那么就要选择休闲的谈判场所，比如咖啡厅、茶吧、餐厅、酒吧等，这些地方会让人放松，双方可以在一个轻松、愉快的环境中产生亲切感，从而为营造友好的氛围奠定基础。

（三）确定议题

确定谈判的议题，就是要根据谈判的目标，将与之相关的环节、问题都用清单的形式罗列下来。注意，这个议题清单要尽可能详细，不要出现遗漏，否则会为谈判的成功留下隐患和遗憾。在制定谈判议题的过程中，要把己方的议题都列入其中，对于谈判对方的议题，如果有类似的，也要在议题清单中注明，可以在谈判中尽快确定下来。通常情况下，制定议题的顺序有三个方面的原则，分别是捆绑、逻辑和先易后难的原则。所谓的捆绑，就是将几个议题放在一起讨论，当然这些议题要有关联性，或者类似性，这样可以节约谈判的时间。逻辑原则就是指几个议题相互之间有逻辑关系，那么就要遵从这种逻辑关系，按这个顺序将议题排列。对于先易后难的原则，顾名思义就是从先容易的议题入手，然后双方进入状态之后，再进一步讨论比较难的议题。

（四）议程安排

每个谈判议题需要多少时间是议程商定中的又一个问题。正常情况下，对己方有利的议题要尽可能留出充裕的时间，对己方不利的议题应该尽可能安排较少的时间。议程本身要是双方共同商定的计划，不是固定不变的，在谈判开始以后，如果己方意识到议程中存在缺陷，应该及时提出来，尽快更改议程。

四、其他准备

如果希望谈判顺利进行，必须事先准备好谈判材料。需要准备的谈判资料包括谈判方案、资质证明材料、介绍材料、产品或项目本身说明材料、合同样本，以及其他相关材料。

第四章

讲究策略——助你轻松赢得谈判

人们都希望能在谈判中实现双赢,在不损害对方利益的前提下,使自己的利益最大化。而适当的谋略运用,对取得谈判的主动权具有十分重要的作用,不仅可以提升自己在谈判中的灵活性,能够扬长避短,而且可以成为维护自身利益的有力武器。在谈判的各个阶段让谈判者都处于主导地位,进而为自己和自己的公司赢得更多的经济利益。

巧用激将，帮你立刻成交

在一家化妆品柜台，小芳发现一位女士在柜台前待了很长时间。那个女人反复地看盒子上的说明书。看到这些，小芳知道该女士很喜欢这些化妆品，但她有些犹豫。

于是小芳上前和善地问："夫人，您需要我帮忙吗？"女士问："这种化妆品有试用品吗？我想看看它是否适合我的皮肤。"小芳拿出试用品让她试。女士试用后，发现自己更喜欢这些化妆品了。但她还是拿不定主意。

这时，小芳知道，对付这类消费者最好还是用激将的方法。于是，她漫不经心地说："如果您拿不定主意，不妨回家问问您丈夫的意见再做决定。"听了这话，这位女士立刻反驳道："这件小事我可以自己做决定，不需要和他商量。"于是她让小芳把化妆品包好，然后付了钱。

这个案例告诉我们，在某些成交的关键环节，不妨采用激将

法来予以刺激，从而激发对方的自尊心。在谈判中激将法也经常使用。谈判者在谈判中，通过运用语言来刺激对方的心理，从而让对方产生相应的情感反应，由此导致情绪不稳定，心态崩溃，进而让谈判的氛围转向对我方有利的氛围。

三国时期，诸葛亮便是一位惯用激将法的高手。在妇孺皆知的联吴抗曹的谈判中，他见了孙权，便大谈曹军兵众势强，"骑兵、步兵、水兵相加恐有百万之众"此为一激，惊得孙权急忙讨教降抗之计。之后，诸葛亮一面以平静的语气提出"抗击"之策，一面又用"投降"的办法来反激孙权，此为二激。果然这种巧妙的激将语言发挥了作用，孙权很不服气地说："既然你认为无力对抗曹操就应向他投降，那么，兵微将寡的刘备怎么拒不投降呢？"

诸葛亮听出了孙权的话外之音，并洞察到孙权心中仍有畏惧的一面。因此，他便说："从前有个田横，只不过是齐国的一名壮士罢了，他还能坚守道义，不肯受投降的耻辱，何况刘皇叔是汉室后裔，卓越的才能天下无双，天下的志士十分仰慕，他怎么能屈身曹操之下呢？"此为三激。这段激将语同样巧妙含蓄，语面意似乎是在赞扬田横和刘备，而隐含的意思是如果你孙权去投降曹操，那就不仅算不上英才，而且要为天下人所耻笑。

孙权向来认为："天下英雄谁敌手，只有曹与刘。"他捏紧了拳头，勃然而起："吾不能举全吴之地，十万之众，受制于人。吾计决矣！非刘豫州莫可以当曹操者！"

这个案例中，诸葛亮运用激将法在谈判中起到了联吴抗曹的目的，我们从"三激"之中得到运用激将法赢得谈判的三点启示。一是要了解对方心理，让对方觉得虽然意外，却也在情理之中；二是把握时机，在谈判中要时刻关注对方的表情和情绪，进而掌握刺激的机会，可以让这种策略的效果放大好几倍；三是掌握刺激的"度"。谈判中，使用激将法，最关键的环节就是掌握刺激的度。不能太过，否则会适得其反，但也不能力度不够，这样会让对方没有什么感觉，必须要点到为止。当然，具体的实施能否取得最佳效果，谈判主体可以根据不同的谈判内容、目的、对象、场合、气氛的发展趋势看情况而定，绝不能生搬硬套。

声东击西，掩盖真实意图

某产品代理商的业务员有一位专卖店客户，一直以来，该业务员给这位客户供货的是产品A，结果有一天，专卖店老板打电话过来告诉业务员：有几个客户订购了产品B，希望三天内提供。这个推销员有麻烦了，因为产品B不是公司主要的促销品，而且没有存货。如果现在提货，到货需要一个星期。因此，销售人员与店主沟通后，建议用产品A进行更换，虽然产品型号不同，但在尺寸、功能和效果上没有区别，只是外观略有不同。该专卖店老板十分不高兴，认为是顾客定下来的，难以更改，也不知道顾客会不会接受。

第三天，店主给业务员打电话说：经过艰苦的沟通，顾客说可以试试产品A，但要求产品A降价100元。所以，要求销售人员降价。业务员刚入行不久，就匆匆答应了店主的要求。待到售后师傅上门安装的时候，不经意间提起了更换产品的事情,顾客甚至表示不知道。这时候业务员才知道,这个专卖店老板是个不动声色的谈判高手,一番操作便少花100元买到了产品A,达到了少花钱的目的,而不必费尽口舌去跟业务员讨价还价。

这个案例,就是在谈判中采用了声东击西的策略。所谓声东击西,是指在谈判中为了达到谈判目标和需要,用一定的方法故意将谈判的议题引导至一些不重要的问题上,转移对方的注意力,为对方造成一定的错觉。采用这个策略只有一个目的,就是不让谈判的对方看到自己的真实想法和用意。但在具体的谈判过程中,要注意把握两个关键点。

一、制造错觉

谈判进行不下去了,这时候其中一位谈判人员站起来,不小心把自己的手提包打翻,几本宣传册掉了出来。这时,这位谈判人员说,这次出来谈判,因为路途比较远,所以不可能只拜访您这一家公司。在沿途中,我了解过其他生产此产品的厂家,他们的报价都比你们低一些,虽然不是低很多,但是对一个商人来说,能少点钱进货,就可以多点利润。听到这位谈判人员的话,厂家销售部谈判人员开始若有所思起来,他们在心里做了让价的准备。

这个案例告诉我们，在谈判的过程中，不仅要注意保护自己的真实想法不为对方所察觉，让对方注意力转移到与自己的真实意图不相关的地方，从而最终达成谈判目标。因为在谈判中，自己的真实目标非常关键，如果让对方察觉，对方就会制定相应的应对策略，进而让自己在谈判中处于被动的状态。对于那些非常成功的谈判来说，并不是非要在谈判中分出个你输我赢，也不是谁抢了谁的风头，而是要让对方根据谈判的发展主动提出我方想要的解决方案。换句话说，就是要让谈判朝自己希望的方向发展，还要让对方觉得这个方向是他选的。

二、顾左右而言他

某工厂要从日本 A 公司引进洗衣服的生产线，在引进过程中双方进行谈判。在谈判开始之后，日本 A 公司坚持要按过去卖给某厂的价格来定价，而且坚决不让步，谈判进入僵局。我方为了占据主动地位，不再与日本 A 公司正面纠缠，而是顾左右而言他，与日本 A 公司聊起日本 B 公司的情况，聊他们的产品和报价，以及对方一直在热情邀请我方去参观考察他们的产品和生产基地。日本 A 公司听到这些信息，不愿失去这笔交易，很快就接受我方提出的价格，这个价格比过去其他厂商引进的价格低 18%。

这个案例说明，如果谈判中对方不让步，可以不正面去纠缠这个问题，而是故意扯些不相干的事，或与对方交流时，有意离题说别的事情。对方受到冷落后，担心失去利益便会做出让步，从而达到自己谈判的目的。这种策略如果能够运用得熟练，对方是很难反攻的，它可以成为影响谈判的积极因素，且不必承担任何风险。

第四章
讲究策略——助你轻松赢得谈判

欲擒故纵，摆出无所谓的态度

A公司与B公司及C公司三方就电视机显像管用的玻壳生产设备的采购进行谈判。从技术、报价、保证条件分析看，C方条件较有优势，A方内定成交对象为C方。为了防止C方"翘尾巴"，趁机抬价，决定使用"欲擒故纵"的策略应对C方。首先，A方在谈判日程上把B方放在前面，且谈判时间也较充裕。C方在其后，时间似乎为"边角料"，使用A方剩余时间。这个日程使C方受到冷落。其次，A方在谈判中热情不够，似乎信任C方，随C方的步骤走，却又时而打断该节奏。谈判中，仅了解C方情况，随便批评C方几句，也不勉强C方是否改善，这个态度让对手难受。在充分与B方谈判后，A方掌握了更多的信息。在与C方谈判时，时而掺入这些信息，或肯定C方有所长，或提示C方该如何做，又让C方找到了谈判方向和信心。这样维持一段时间后，被冷落的C方立即主动要求与A方谈判。这时，双方大步靠拢，顺利地就交易条件达成了妥协。最终A方如愿以偿，按预期条件与C方达成采购协议。这个谈判案例中，A方策略运用得很规范，效果也好。

案例中运用的就是欲擒故纵策略，即对于志在必得的谈判，故意通过各种方法，让对方感到自己是满不在乎的态度，从而压制对手加价的想法，确保己方在预想条件下达成交易。使用欲擒故纵策略最关键的就是，务必使假信息或假象，做得足以让对方相信。在欲擒故纵策略的做法上，务必使自己的态度保持不冷不热、不紧不慢的状态。例如，日程安排上不显急切；在对方激烈强硬时，让其表现，采取"不怕后果"的轻蔑态度等。

欲擒故纵策略在谈判的具体实施中，其重点在"故纵"。当然，立足点应在"擒"，主要从以下几个角度入手。

一是进度。反映"纵"的另一种形式，就是放纵谈判的进度，不要过分关注推进，而是漠不关心，不赶时间，使谈判显得松弛、随意。对方想快，可以奉陪，但也不尽心尽力。也不要主动加快谈判的节奏，而是让对方找不到感觉，摸不着头脑。

二是态度。谈判中如果要运用欲擒故纵的策略，那么对于谈判对手要保持不冷不热的态度，绝对不可过于殷勤。当然，不冷不热要有礼貌，仅在对人对事不急于求成，说话要形同"路人""陌生人"。即使是好朋友、老客户，也要保持"随你便""不勉强""做朋友可以，强买强卖没必要"的态度。在冷漠之中，会故意给对方留一些机会，但这个机会是在其等待、努力之后再给，这样会让对方备感珍贵。

三是刺激。边"纵"，还要边刺激对方。即在冷落对手的同时，还要用一些适当的语言和行为，有效刺激对方，燃起对方成功的欲望和竞争的斗志，从而让对方积极参与谈判。如"贵方在某方面有优势，可以参与竞争，若真想赢得交易，我方可以配合"；"照贵方目前态度，我很难讲合同是否能签约，除非贵方扬长避短"；"贵方若失去交易实在太可惜，因为不是没竞争性，而是没发挥竞争力"等。这些旁敲侧击的语言，可迅速煽起对方的"火"来。但在运用时，要注意言谈与分寸，即讲话要掌握火候，"纵"时的用语应有尊重对方的成分，切不可羞辱对手。否则，会转移谈判焦点，使局面失控。

换位思考，助力成功的谈判

王小姐正在准备与客户谈判的资料，客户希望能够看到一些与谈判相关的数据，这些数据来自各个供应商，要把近两年各供应商的数据和产品合格率都摘出来新做一个表格。王小姐仔细分析并询问了客户需求之后，得知对方是想要将这两年的数据做一个比较从而预测下一年的数据。站在这样的角度上，王小姐没有只摘出两年的数据，她更进一步，将两年的数据做成了散点图，这样比较起来就可以一目了然。在此基础上，王小姐又得知这一数据表做好之后客户可能会长期使用，于是她又将图表做成了可以实时更新的形式，这样下一年的数据可以直接输入这个表格同时散点图会自动更新，不需要再重新做图。

虽然整体来说王小姐费了许多工夫，但是谈判时发挥出来的效果非常好。当王小姐把表格交给客户时，客户非常惊喜，这些数据表格为他的正确决策省了很多工夫，于是当即拍板合作。

第四章
讲究策略——助你轻松赢得谈判

案例中王小姐的所作所为其实就是换位思考的策略运用，站在谈判对方的角度想他需要什么，在他需求的基础上多为他做几步，会让客户产生更多的信任。正如亨利·福特所说："如果说成功有什么秘诀的话，那么就在于具备吸收他人的观点，以及从自己和他人的角度来看问题的能力。"在很多谈判中，都需要换位思考，因为我们不仅需要了解对方，更需要"理解"，能够做到从他人角度思考问题。也就是说，站在对方的角度上思考，可以体谅对方的难处，帮助我们在谈判中准确把握住对方的心理。

在一些商务谈判中，换位思考的策略是贯穿谈判全程的。主要体现在以下几个方面：一是谈判准备阶段，换位思考可以帮助谈判前做准备工作时，能够从对方的角度考虑问题，进而收集一些有价值的信息，从而确定可行的谈判目标，制订有针对性的谈判方案；二是谈判阶段，良好的开局和营造融洽的谈判氛围是成功谈判的重要因素，而换位思考可以在谈判中站在对方的角度考虑问题，实施一些特别的沟通和谈判策略，进而为谈判的顺利进行奠定基础。比如，可以考虑对方的谈判目的是什么，与自己是否一致，谈判对手的动机是什么？这些问题，都是换位思考的结果，在寻找这些问题答案的同时，就可以在谈判中帮助自己达成谈判的目标，满足自身利益的同时，也可以兼顾到对方的利益。

某国的一次经济大萧条中，很多中小企业都倒闭了。其中一个名叫克林顿的人开的齿轮厂也濒临倒闭。但克林顿为人十分宽厚善良，慷慨体贴，他有很多朋友，而且和客户们一直保持着良好的关系。在这困难的时刻，克林顿想要找老客户帮帮忙，请大家来参观自己的工厂和产品。可是，在筹备这个活动时发现，自己拿不出钱来买足够的美食招待老客户。于是，他就想到经济大萧条，大家的日子都不好过，自己经济拮据，想必大家都一样。于是，克林顿卖了家里的东西，在向老客户寄邀请信的时候，也在信里附上10美元，作为来参观的来往路费。这样一来，很多老客户陆续都来了。因为大家收到邀请信后，都大吃一惊，这10美元远远超过了一张邮票的价钱。谈判中，每个老客户都被感动了，认真听克林顿介绍工厂的创新技术与产品制造工艺。因此，克林顿便收到了很多订单，还有客户来信说想要给他投资，一起做点什么。克林顿的生意很快有了起色。在这次经济萧条中，他是为数不多的站住脚而且有所发展的企业家。

从这个案例中我们明白，换位思考并不意味着要做自我牺牲，而是站在对方的角度去思考，得以更了解对方的心理，往往可以体谅对方的难处，从而在谈判中准确地把握住对方的心理，最终助力谈判的成功。

深藏不露，以免被对方看透

中国某进出口公司曾与东亚某国就一套设备的引进问题举行过一轮谈判。当时，中方急需这套设备，但在国际市场上，就比较价格而言，对方要价偏高。不过，在同一领域，对方的技术却是最好的。所以，通过比较，进口该国的设备还是合算的。而对方抓住了中方这一弱点，在价格谈判上与中方展开了拉锯战。如何迫使对方作出最大让步，又不妨碍今后的合作呢？中方谈判小组在查阅了大量信息资料后，终于利用深藏不露的战术轻松地抛出了自己的秘密武器。

原来，在谈判之余，中方首席代表与英国机械设备制造业某大集团秘密联系，获得了很多价格和技术方面的资料和信息。虽然表面上和东亚某国的谈判按部就班，但中方却在紧锣密鼓地准备反击。直至谈判的关键阶段，外方仍不肯在价格上让步，中方代表便拿出大量英国机械设备制造业某大集团的资料，显示了对欧洲技术设备的极大兴趣，并重点提到，就在五个月前，英国这一集团还曾与南美某国进行过与今天类似的谈判并达成合作。而且，这一集团也开始将发展方向转向亚洲市场，并寻找合作伙伴。

至此，中方代表便开始转移话题了，而外方的几个首脑人物显得十分紧张。因为，中方虽未直接表明要另起炉灶的愿望，他们却意识到了潜在的威胁。于是，外方谈判小组开始在价格等实质性问题上让步了。

从这个经典案例中，我们看到了底牌的重要性。众所周知，我们在玩扑克牌的时候，如果让对方知道了自己手中有哪些牌，那么结果可想而知。谈判也是同样的道理，在谈判中不能告诉任何人你的谈判目标是什么、底线是什么、谈判的策略是什么，否则自己手中就是有再好的牌，也会有输的可能。换句话说，就是在谈判中，首先在态度上你要克制自己一下，不管你有多么地想达成合作，都要表现得无所谓，让对方感觉你对谈判的输赢不在乎。如果你在谈判中倾注了太多的热情和期望，那么对方就会利用和遏制你，反而在谈判中产生对你不利的影响。

深藏不露在谈判中经常被使用。如果在谈判中，让人摸不着头脑，看似不在意谈判，其实谈判中的每一个举动都暗自切题，这就是我们常说的万变不离其宗，那这个人运用的就是深藏不露

的策略。在深藏不露的过程中，有无限的可能存在，且当事人立场和动机都深藏在其中，只要看准时机，都会表露出来。对于深藏不露来说，在适当的时机表达出来，是这个策略能够发挥作用的关键。一般来说，当事人处于被动境况时，在深藏不露过程中要注意避实击虚，可以适当地扰乱对方视线。倘若当事人掌握主动，那么深藏不露的过程便是一个更委婉、更清晰的过程了。

娴熟地使用深藏不露策略，往往可以在关键的谈判中起到出奇制胜的效果。但是，除此之外，任何的谈判策略都要以掌握大量的信息为前提和立足点，经过反复推敲、研究才能运用。对于深藏不露来说，也要做到"适可而止"，不能老是捂着，适当的时候就要捅破窗户纸，从而给自己留下回旋的余地。从另外的角度来看，深藏不露是一种技巧，也是东方人特有的做事方式，它与东方社会蕴含深沉的文化心理比较符合。所以，在具体的谈判运用中，深藏不露策略更适用于东方人的谈判桌。对东方人来说，一场针锋相对、火药味极浓的商业谈判未见得是一场成功的谈判，东方人更喜欢在彬彬有礼、谈笑风生的氛围中进行不露声色的谈判与较量。

排除干扰，咬定目标不放松

某电器公司的主管，为了使商业照明产品打开某地区的市场，亲自去这个分部协助市场销售工作，在一次业务谈判中，只一个回合就轻松搞定一位非常难缠的经销商。

当这位客户再次喊出"产品贵"的时候，这位客户经理理直气壮地问："贵？你有什么根据？你了解我们的材质吗？你了解我们的工艺流程吗？你知道我们的铝材成本是多少吗？"说这些话的时候，显得非常专业。当这位客户经理的口中说出了一系列的专业术语和专业问题时，这位经销商哑口无言，最后心悦诚服地竖起了大拇指。因为这位经销商相信"专业"，"专业"就是产品品质最好的证明。

从以上案例中，面对干扰我们看到两种完全不同的态度和结果。事实上，在谈判过程中，对方提出无理的、过分的要求，这是不可避免的。因为，谈判中你所表现的坚定程度，会直接影响

第四章
讲究策略——助你轻松赢得谈判

到对方的心理预期。经验不足的谈判者，在举手投足之间，都在告诉对方：我是容易动摇的，再给我点压力我就让步了。

谈判中，如果对方提出了超出你底线的条件，或者你善意的事情，面对这些干扰，你要及时表明态度。一个拉不下面子、很难拒绝别人的人，不妨使用谈判得上的"拒绝公式"，帮助你开口表明自己的立场。

"拒绝公式"是这样的：前半句，把立场……后半句，提出在别的地方找解决方案。比如：

关于交货时间，绝对没有再改的可能……其继续讨论这个问题，不如我们讨论一下，货到了你……后，怎么缩短收货时间。

再如：

关于租金，绝对……再降的空间了。如果你们能够马上确认入住时间，免租期……倒是可以讨论。

这就像是你……们关上，然后指出了另一条路。既表明了立场，也不至于……入僵局。相应地，立场坚定，也有它的肢体语言，就表现……你的手脚上。

当你表达立场的时候，你的手掌可以向下，做出按下的动作，这是很强的心理暗示，表示你正在控制谈判局势，让对方稍安毋躁。如果需要，也可以结尾的时候，有力地一挥，或者指向

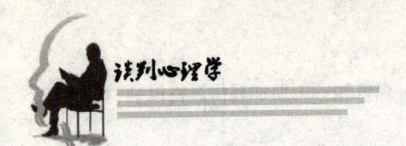

天空，强调你的坚定。同时，你的脚，你要把它们想象成种在地上，保持双脚贴地，能带给你自己非常强的稳定感，千万不要动来动去，显得坐立不安。

第五章

读懂心理——掌握谈判的主动权

谈判不只是一个解决问题和需要的过程，也是一个双方心理进行真刀真枪较量的过程。所以，谈判的成败不仅会为现实的情况所左右，也会为谈判双方的心理所影响。所以在谈判中，对谈判对手进行心理因素方面的研究至关重要。比如「对手的言谈举止反映什么？」「对方摇头有何期望？」「如何恰当地诱导谈判对手？」等，这些行为和想法的背后，都有对应的心理，或者相应的行动。只有掌握谈判心理现象的特点，认识谈判心理发生、发展、变化的规律，才能帮助谈判人员在商务谈判活动中养成优良的心理素质，进而保持良好的谈判心态，正确判断谈判对手心理状态、行为动机，预测和引导谈判对手的谈判行为。

拉近距离，让对方产生认同心理

学校要举办一次晚会，学生会外联部计划到社会上去为晚会拉赞助。通过调查，一家规模中等的商店可以作为联系的对象。于是，部里派出了成员小王去与这家商店联系。小王来到商店后，进门就拿出自己的学生证，说："你好，我是××大学的学生，我们学校要办一次晚会，希望你们能够提供赞助。"接下来，他大谈起晚会的背景，指明晚会是为了响应省里繁荣高校文化的号召而举办的，因此商店也应该积极响应省里的精神，为晚会提供赞助。商店店长看到小王这副官腔十足的样子，不由得有些反感，最终拒绝了他的要求。

小王无功而返，部里又派出了部员小吴。小吴来到商店，进门后，他看了看店长工作牌上标明的姓氏，随即亲切地向店长打招呼道："刘店长，您好。""你好。"店长回应道。

"我是××大学的学生，我们学校最近要举办一次晚会，希

望您能够支持一下,我们不胜感激。"接下来,小吴不仅向店长解释了商店为晚会提供赞助所能获得的好处,还向店长透露自己经常来这家商店消费,很喜欢商店的营业氛围,博得了店长的好感,最终获得了赞助。

例子中之所以小吴能获得赞助,而小王却无功而返,就在于小吴在与店长的交流中使用具有亲切感的话语,拉近了他与店长的距离。在小王与店长的交流中,他开口闭口晚会是为了响应省里的号召,会让人觉得他一副高高在上的态度,心里产生反感。而小吴在一开始就用姓氏称呼店长,在谈话中又说明自己是商店的常客,让店长在内心深处对他产生亲切感,他的请求自然会得到店长的回应。

在生活中,有亲和力的人总是很受欢迎,更容易让人产生好感。这样的人在与别人交流沟通的过程中,别人就会不知不觉地消除戒备感,在短时间内熟悉起来。在谈判桌上如果想要营造这种"零距离"感,可以像案例中那样,用具有亲和力的话语来拉近与他人之间的距离。

"我们已经做出很大让步了,锅里的肉都给了您,怎么也该让我们喝点汤嘛。"

"您长得和我的一位朋友非常像,尽管是初次见面,对您的感觉却很熟悉,希望这次我们合作成功。"

在谈判中，还可以借用亲切的语言拉近距离，来间接表达出自己的诉求。第一句话中谈判者用了肉与汤的比喻，实际上是在向谈判对手求情，希望对方不要过分榨取利益，要适可而止，让谈判者也能享受到一些利益。第二句话的本质其实是"套近乎"，直言谈判对手像自己的朋友，就是希望对方把自己当朋友，赢得他的信任，能够与自己合作成功。这两句话，虽然谈判者期望的目标不同，但是都采取了同样的方式，即通过拉近距离来表达出自己的诉求。当谈判对手听到这样亲切的话语时，一方面能够明白谈判者的期望，另一方面，这种亲切的话语也能够打动谈判对手的心，让他觉得自己与谈判者之间的距离变得近了，对对方有亲近之感，从而认真考虑是否能够满足谈判者的期望。

此外，在谈判的过程中，进入谈判场地后，与谈判者打招呼时，应该向对方致以亲切的问候。当对手是初次与我们见面时，我们可以在"您好"这样基本的问候后面加上一些"久仰大名""很高兴认识您""早上好"这样的话语，使我们的问候显得更为亲切。如果不是第一次与谈判对手见面，用"小李，您好""老王，又见面了"这样的话语会拉近彼此的距离，消除久未见面的隔阂之感。

第五章
读懂心理——掌握谈判的主动权

给对方多一些"表现"的机会

不管是社会交往,还是在商务谈判的交锋中,总会有一些自以为很聪明的人。他们不把别人的意见或建议放在眼里,做事情都是我行我素,虽然自我感觉良好,但是人缘很差,在谈判中更是会屡屡受挫。

中国有句老话叫作"聪明反被聪明误"。如果一个人处处显得聪明、能干,总是有意无意地强调自己的过人之处,就会招致他人的怨恨、嫉妒。如果发生在谈判桌上,就会让谈判对手感到不快。我们都知道,谈判一方面考验理智,另一方面依托情感。就算你的聪明货真价实,但锋芒太露,必定无法获得胜利,因为对方会在心里排斥你。这种时候,不妨大智若愚一些,这种大智若愚,不是隐藏自己的实力,而是实施自己的策略。有时候,谈判一方的"愚蠢"会让另一方放松警惕,但一到关键时刻,他们就会把自己的才智充分发挥出来,从而实现利益最大化。那么,

具体该怎样做，才能不被聪明"误"呢？

一、适当隐藏自己的锋芒

或许在某个方面你的确很出众，但如果没有收敛的意识，这个优势很有可能会演变为劣势。在适当的时间、地点展露自己的锋芒不仅没错，而且是可取的；但如果不分时间、场合地显露自己，只会让他人感觉你无知。特别是在谈判的时候，尤其要学会隐藏锋芒。因为锋芒就是实力的一部分，隐藏起来不但不容易得罪对方，而且可以暗中观察对方的实力。这样，就相当于你在暗处，对方在明处，就谈判优势而言，对方明显要处于劣势。

二、学会尊重不同意见的存在

人们之所以要谈判，是因为有分歧，或者有共同的利益诉求。不管属于哪种情况，意见不一致的情况肯定是会存在的。如果固执地坚持自己的意见，非理性地排斥他人的观点，就会让对方觉得你霸道。这样非但不利于谈判的顺利进行，而且会让双方产生积怨。

谈判的时候，不妨多给对方一些表达的机会，自己做一个忠实的听众也不失为上策。我们经常会说"得意忘形"这个成语，其实，谈判者在谈判过程中话说得多了，就会形成自我认识的误

区，即感觉自己真的比对方聪明、厉害。在这种意识的主导下，对方很容易忘乎所以，把自己的目标、策略和盘托出。这样，你就有了抓住对方弱点的机会。

谈判可不像是在学校考试，尽量把自己最好的一面展现出来即可，而是更需要"伪装"聪明。其实，"兵不厌诈"就是这个道理。记住一点：谈判的时候，如果假装愚蠢有利于自己，就把"聪明"留给他人去表现，就算处于劣势，也要稳住步伐。

寻找共同话题，可以一见如故

　　小李是某电器公司的销售，他的职责就是让更多的客户使用他们公司的产品，为了完成公司的销售任务，小李四处奔波。有一天，他来到一客户家，一眼就看出这是一个富有的农户。小李首先有礼貌地敲了敲门，他敲了好久，也没人理会，就当他要离开之时，门打开了一道小缝，有一位老妇人在里边问他干吗。小李说自己来推销电器产品，话还没有说完，这位老妇人就把门关上了，小李再怎么拍门，也没有人搭理他。后来，小李发现老妇人家养着一群鸡，于是又使劲儿拍门，说自己要买土鸡蛋。老妇人听到这些，才不情愿地打开门，听到小李是真的要买土鸡蛋，才把他请进门。两个人围绕着土鸡蛋说了很多话，比如这种鸡蛋有营养、绿色有机什么的。老妇人特别开心，她对自己养的鸡下的蛋非常自豪，因为她非常用心地给这些鸡喂食。临走的时候，老妇人几乎把小李当成了老朋友，还主动问小李卖的什么产品，有什么功能。后来，经过几次打交道，老妇人感觉小李为人真诚，于是就买了小李的产品。

在很多销售谈判中，很多时候如同案例中的老妇人一样，客户根本不给你机会攀谈下去。因为客户每天要面对形形色色的人，他们对此十分反感，更不愿意把自己的时间浪费在一个让自己厌恶的人身上。很多时候被对方拒绝，会像小李那样刚开始在谈判中败下阵来，也许最主要的问题就是没有开好头，没能引起客户对你的兴趣。遇到这种情况，你不妨快速寻找共同话题，打破谈判僵局，这才是关键，而且要快，时间久了，坐在那里无话可说，对方就会失去兴趣。那么，到底怎样才能快速找到共同的话题呢？

一、从眼前开始切入

谈判可以从双方都可以看得到、感受得到的方面开始切入。比如，对方身上的着装、对方正在做的事情，或将视线平和地放在对方的脸上，让对方感觉到自己的投入，从而为谈判营造轻松自然的氛围。如果你在谈判中四处张望，且注意力不集中，那么这将是一个非常糟糕的表现。谈判要全身心地投入才可以，不然就很难从中找到谈判的共同话题，让谈判能够有一个非常好的开始，为后边的顺利进行奠定基础。

二、寻找兴趣共同点

一个人的内心世界,都可以在他的外表上找到投射点。比如,对方的心理、精神、爱好和性格等,都在服装、表情、谈吐、举止等方面有所体现,只要你善于观察,就能够找到蛛丝马迹。比如,看对方穿什么品牌的衣服、开什么品牌的车等,通过这些能够了解到的信息,就能为谈判创造一个愉快的开始。注意,寻找共同点一点也不难,只要发现什么东西与自己的爱好相同,就可以展开话题,这样很轻易就可以营造轻松的气氛。

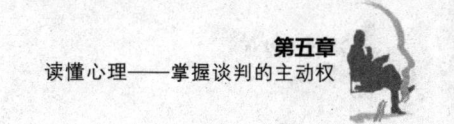

恰当赞美,让彼此的关系更进一步

美国著名心理学家威廉詹姆斯说:人性最深切的渴望就是得到他人的肯定。也就是说,如果一个人的某个方面能够得到对方的肯定,那么这个人就会对这个称赞和肯定自己的人产生好感,从而把对方当作自己人,表现出心情的愉快,进而对谈判取得成功信心大增。

鉴于赞美的这些积极作用,在谈判中要见缝插针地运用赞美的策略,这样可以在很短的时间内,缩短双方的距离,进而营造良好的氛围,为下一步的谈判奠定良好的基础。但谈判中如何恰当地赞美,也需要讲究技巧。如果在谈判过程中,为了达到谈判的目标,对谈判方进行夸张的赞美,也会起到适得其反的作用,让对方感觉你虚伪。

比如,你在谈判中的对方是位女性,她脖子上系了一条丝巾,你可以夸赞她,丝巾非常衬她的肤色,看起来很漂亮。如果

对方是个男人，而他的西装外观挺括，领带很漂亮，你就可以直接把自己的感受当面告诉他，他会非常开心。或者对方爱谈论时事，你也可以称赞他了解国际形势等。那么，你就能很容易地博得对方的好感，胜利在望了。

一、谈判中赞美对方应坚持的原则

（一）要发自真心

在谈判中赞美对方时要注意不要陷入恭维的境地，必须是发自内心的赞美，才会让对方觉得真实。否则，如果以讨好别人为目的，进而夸张或与事实不符，会引起别人的厌恶，让别人对你敬而远之，还会对你参加谈判的诚意产生怀疑。所以，在谈判中，如果要做到发自真心的赞美，那么就要注意以下几个原则。一是态度真诚。赞美的过程中与对方的目光要平视，且充满诚意，而不是四处乱看，给人心不在焉的印象。二是内容真实。赞美要根据实际情况进行，而不是夸大其词。比如，一个女孩长相很普通，但你却说她美若天仙，这样的赞美会让人产生怀疑，也不会把你的赞美放在心上，反而会对你产生负面的印象。三是时机恰当。不要在有求于他人的时候，才去赞美他人，这样显得太过功利的赞美，会让对方对你的人品产生怀疑。比如，平时你对一个人不感冒，经常对他表示不屑，但是有一天当你有求于他时，态度来了一个180度的大转变，开始对他品头论足称赞起来。这样的赞美，不但自己觉得尴尬，估计对方心里也会发毛，感觉有些不自然。所以，这种功利性的谈判，有时反而会把事情搞糟。

（二）要恰如其分

赞美者在赞美别人的时候，首先要弄明白为什么要赞美对方，他有哪些值得赞美的地方。如果你从心里觉得他不值得赞美，又不想伤害他，那最好什么也别说。

（三）赞美须热情具体，防止空洞

赞美不能只是拍拍肩膀说"你挺好""你不错""你是个非常能干的人"……而是要紧紧抓住被赞美者最优秀的方面去发挥，不但要说"你挺好"，还要说明他好在哪里；不但要说"你不错"，还要说明他哪些事情做得不错；不但要说"你是个能干的人"，还要说明他怎样能干。

（四）要注意场合

好话如果说错了场合，同样起不到好的作用。如一般情况下，说一个人带病坚持谈判是没有问题的，他也会欣然接受。但当对方的重要领导在谈判现场的时候，你表扬对方带病坚持谈判，就要注意分寸了。因为有严重疾病的员工，是不能提拔到重要岗位上的。如果你一直表扬人家病情如何严重还坚持工作，如何为了工作与疾病斗争,就会有故意揭人短处的嫌疑,这是非常不合适的。

二、谈判中赞美对方的技巧

(一)赞美要视角独特

当你赞美对方的时候要注意,不要去赞美对方已经被别人熟知的优点,而是要赞美别人没有发现的优点,这样才能让别人感觉到你的真诚。这些优点就是别人没有发现,但在对方身上真实存在的长处。比如,一个长相普通成绩好的女孩,你就不能再去赞美她的学习好,如何用功,而是要赞美一些别人没有发现的优点,如她很会搭配衣服、衣品挺高等,这样才会让女孩觉得新奇,从而记住你的赞美,也深深地记住你这个人。

(二)赞美要雪中送炭

赞美并不总是对春风得意、工作和生活都一帆风顺的人才说的话,他们早已听得耳朵起茧子了。事实上,对于那些身处低谷中的人来说,他们才是最渴望赞美的人。俗话说"患难见真情",当一个人遭遇逆境时,他们最想听到的就是一句鼓励和肯定的话,这样不仅可以让他们重拾信心,也会增进他们对你的好感,因为患难时的帮助和鼓励,他们能够记一辈子。

（三）赞美不必直接

有很多人认为，赞美就是说一些溢美之词，其实不然，赞美有很多种方式。赞美也可以是无声的赞美，更加间接和含蓄地表达。比如，运用眼神、动作和表情等，给对方暗暗的赞许。或者通过第三个人，把赞美传递给对方，这样的赞美更加真实，也会让被赞美的人心存感激，进而对你产生极好的印象。

综上所述，在谈判中，恰当的赞美可以起到春风化雨的作用，打破对峙和僵局。所以，对于谈判的人来说，掌握赞美的技巧就是在为自己的谈判赢得成功的筹码。

互相尊重，是谈判成功的前提

谈判时不尊重对手，谈判将很难取得成功。谈判时对对手流露出猜疑的表情，不时向己方人员递眼色；谈判时由于对对方所在的国家或民族有偏见，就使用暗示性、侮辱性词语；自认为己方实力雄厚，就做出自以为是的表情；想凭借特殊手段达到目的，就使用威胁、拖延时间等方式进行谈判。如果你这样做了，对方必然不会对你产生良好印象。无论是你的个人形象还是内在素养，都会给谈判对手留下恶劣印象。虽然谈判主要是双方利益上的事，但是个人态度和形象对谈判结果也起着相当重要的影响。

小王代表公司与一家公司谈判。小王的公司委托这家公司生产零部件，因原材料价格上涨了一倍，这家公司提出零部件加工价格也要上涨一倍。小王和对方进行了几轮谈判，但对方立场坚定，态度强硬，任他磨破嘴皮子，对方就是不改初衷。

在陷入僵局的情况下，小王团队暂时停止谈判，邀请对方吃饭。因为知道对方是穆斯林，专门找了清真饭店，席间也没有安排酒类，而是在另一种氛围下，通过吃饭聊天，和对方拉近距离。一顿饭下来，对方注意到小王团队的用心，为他们的诚恳态度所感动，当再次坐到谈判桌上的时候，对方做出了让步，结果一个相当棘手的谈判就圆满结束了。后来，两家公司一直有生意往来，互惠互利，合作得很愉快。

从案例中我们明白，谈判与销售有相同之处，谈判的过程充满竞争，但也会达成共识和合作。所以，谈判中不仅要为自己争取利益，也要注意维护自己的形象，使自己能够得到尊重和重视。这样会让他们觉得，不仅为公司和自己赢得了利益，也在这个过程中证实了自己的价值，维护了自己的面子。所以，在谈判中尊重谈判方，会给对方潜移默化的影响，让对方在心态、期望、印象等方面都倾向于合作的态度，也会为今后的长久合作奠定基础。

幽默语言，永远都受欢迎

人是需要沟通的社会性动物，沟通就离不开语言的交流，其中口语是人类最主要的交流工具。自然而然，口才是沟通必须具备的能力，而幽默的口才是口才能力当中最优质的能力。

在一次重要谈判当中，双方在以前从未有过任何接触，气氛显得十分沉闷。就在这个时候，甲方的代表开口了：

"某经理，听说你是属虎的，你们厂在你的领导下真是虎虎有生气呀！"

"谢谢，借你吉言。唉，可惜我一回家，就难有虎威可现了！"

"哦，为什么呀？"

"我和我的夫人属相相克啊，我被降住了！"

"那么你妻子……"

"她属武松！"

这一幽默虽有刻意营造的痕迹,但并不妨碍它缓和气氛的作用。双方你来我往,不经意的几句幽默话语,就让原来的沉闷一扫而光,彼此间就建立起一种亲近随和的关系。

具有幽默口才的人,在谈判中是非常宝贵的品质,它能够消除谈判双方的陌生感,破解比较沉闷、尴尬的气氛,从而在谈判过程中进退自如。所以,在谈判的过程中,运用一些幽默语言,可以让谈判变得轻松自然,也让谈判双方的关系更加和谐。

一、谈判中幽默谈判语言运用技巧

一个恰当的幽默,在谈判中有时可以起到意想不到的调节效果,对于那些僵局来说,无异于是最有效的手段和方法。比如,当谈判陷入僵局,谁也不愿意再多说什么,谈判的气氛让人特别压抑,此时如果有谈判人员说上几句诙谐的话,幽默一下,或讲上一个有趣的故事,就可能调节谈判气氛,使大家在紧张之中忘情地一笑,缓解心理压力,精神得以放松,最终谈判双方化干戈为玉帛,促使谈判走出僵局。

(一)轻松式幽默,使严肃的问题轻松有趣

有这样一个广为流传的故事:世界上第一位女大使柯伦泰曾经被任命为苏联驻挪威全权贸易代表。一次,她和挪威商人谈判购买挪威鲱鱼。挪威商人出价高得惊人,她的出价也低得使人意外。双方开始讨价还价,在激烈的争辩中,双方都试图削弱对方的信心,互不让步,谈判陷入僵局。最后柯伦泰笑笑说:

"好吧,我同意你们提出的价格。如果我的政府不批准这个价格,我用自己的工资来支付差额。但是,要分期支付,可能要支付一辈子。"

挪威商人在这样一个谈判对手面前没办法了,只好同意将鲱鱼的价格降到柯伦泰认可的标准。

柯伦泰使用了虚晃一枪的战术,她用幽默的方式同意对方的要价,事实上只是为了让对方明白,这样的高价苏联政府根本不会批准,即使她个人让步也是没用的。

(二)迂回式幽默,声东击西,迂回取胜

声东击西是幽默技巧中最常见的一种,它包含答非所问、欲此说彼、装聋作哑、装傻充愣等。这种技巧运用了所有幽默思维逻辑方式,可以说是大多数善用幽默、口才极佳的人最常用的方法。

(三)反问式幽默,只问不答,有效转换局面

反问式幽默,会让幽默的效果放大,同时还会让问号变成自己的武器,直接反驳对方的观点,做到幽默反驳和调节气氛两不误,它能够把确定的意思表达得更鲜明。反诘进攻,往往能比正

面提问更有力量，更具有批判和讽刺的作用。很多时候，还可以用反诘转守为攻，造成心理上的优势和咄咄逼人的气势，置对方于被动的地位。它的具体表现形式很多，主要有肯定式反语、否定式反语、步步逼问式和诱发反问式。

二、谈判中幽默言辞使用的注意事项

适当的幽默言辞能博人一笑，能让别人快乐，也能让自己显得更有魅力。但在一些国际商务谈判中，要注意不能随便幽默，此时如果幽默不对，反而会把谈判搞砸。因为，在跨国界的活动中，要注意在不同的文化、不同的信仰背景下，谈判者之间存在着各式各样的差异，比如在交际沟通方面、价值观和思维方式方面。如果不是很熟悉这些差异，随意发表幽默的言语，那后果会非常严重。所以，在国际谈判中，一定要注意多了解谈判方的国家文化、风土人情，这样才能保证幽默而不出错。

谈判从某种意义上来说，是综合性很强的活动。比较复杂和多变，需要运用多方面的知识、技巧和能力。其中，语言表达能力最重要，因为如果你要想很好地谈判，就要条理清晰、表达明确、逻辑紧密，这样才能很好地说服对方，取得双方的认同，才能协调双方的利益和目标，进而保证谈判的成功。而幽默，则是谈判者智慧的一种体现，也是谈判的轻松剂，可以调节谈判的气氛，有利于双方拉近距离，观点产生共鸣，从而最终达成一致意见。所以，在谈判中，可以采用这种幽默语言来打破僵局，在微笑中获得谈判的主动权，进而最终达成谈判的目标。

第六章 学会倾听——把情报『听』出来

卡耐基曾经说过，如果希望成为一个善于沟通的人，那就先做一个愿意倾听的人。但很多人却认为沟通主要就是自我表达和倾诉，而忽视了倾听的重要性。在谈判桌上更是如此，倾听与『谈』有着同样重要的作用，良好的倾听是『谈』清楚的基础。但在谈判中，真正的倾听不只是礼貌性的点头和注视那么简单，它包含着很多的技巧和内容。

要想谈判成功，就要先学会倾听

在谈判桌上，谈判双方的每一句话、每一个举动，都有可能左右谈判的结果，因而倾听便显得非常重要。而有些谈判之所以没有达到目的，很多是因为谈判者没有真正懂得如何倾听，这样就拖慢了谈判的节奏和进程，从而没能及时、顺利地解决双方的冲突和纷争，或导致谈判根本无法顺利进行下去。

谈判中，很多人认为谈判需要表达、交流、讨论，甚至会争论，但对于倾听的重要性却不知道。事实上，在谈判中，是否懂得倾听，则关系着谈判的结果能否成功，也影响着谈判会不会朝着对自己有利的方面发展。但这种倾听，并不是简单的被动式倾听，而是在谈判过程中主动进行的一种行为。不只要把耳朵竖起来倾听，还要让心跟着动起来。能够在谈判中，用心跟上对方的思维和节奏，获得对自己有利的信息，从而听出对方言辞中的漏洞，暗中做好应对的策略。所以，倾听是全身心投入的行为，需要专注的倾听，并不是简单、普通的倾听。

一般情况下，谈判中倾听有两种形式，一种是非常积极的倾听，一种是比较消极的倾听。积极的倾听中，谈判方能够注意力集中，关注对方言论的同时，还可以调动自己的知识、经验和情感，通过大脑处理之后，加以识别和归类，进而做出一系列的决定，比如表示理解、难过、支持和反对等。积极的倾听并不只是有声的语言，有时也包括一些无声的语言，比如对方的一个小动作、一个很细微的表情等。事实上，对一个积极的倾听者来说，面对谈判方信息量很大的言辞，听起来会很累，因为他要不断地动用自己的脑子，对这些信息进行分析、研究，进而做出判断。同时，还要让自己与对方保持同步。而对于一些消极的倾听，倾听者大多比较放松，只是被动地接受信息，有些听进去了，有些没有听进去，非常随意。

比如，在一场关于保险索赔的谈判中，理赔员说只能给2000元的赔偿。此时倾听者听到"只能"这个试探性的词语，便认为对方这样说，意思是在和自己商量，如果不接受，那他还可以再增加一些。因此，倾听者就会不认同理赔员的方案，因为他从这句话中，听到了理赔员的不自信。所以，善于谈判的人都能够从对方的话里听出他内心的真实想法，从而步步逼近，最终取得谈判的成功。

由此可见，谈判过程中竞争激烈，双方难免尔虞我诈，因此更应该密切关注对方所说的每一个字、每一句话。不仅要钻研其表面意思，还需要结合谈判进行时的具体情形，深入考虑并斟酌，以识破对方话里的玄机。假如你没有认真倾听对方说的话，则很可能在一时疏忽中落入对方的圈套。所以，认真倾听是取得谈判成功的前提条件。

倾听时，别忘了给予对方积极的反馈

丽娜女士是公司接待处的职员，有一次公司派她去做客户回访，丽娜女士在与客户交谈的过程中，正襟危坐，一动也不动，脸上没有一点表情。客户看到这样的情形，对丽娜公司的形象一落千丈。事后，忍不住跟别人抱怨，说这个公司不好打交道，处理问题太死板。

人的表情是非常丰富的，这是一种无声而有力量的语言。作为谈判中的倾听者，在谈判时应该试着把自己的表情融入其中。比如，可以放声大笑、可以面露恐惧之色、可以惊奇不已，从而增强倾听的效果。用真诚的、热烈的表情让说话者感到包容与鼓励，感受到倾听者对自己的信任和兴趣。倾听者这样的表情反馈，会让说话者非常感动，更加愿意敞开心扉，沟通一些深层次的东西。可见，做好表情管理，是在谈判中提高倾听力的小秘诀。

美国著名教育家卡耐基在说到罗斯福演讲时,说他全身好像一台表现感情的机器,他满脸都是动人的感情,这样使他在与人沟通时更有力、更勇敢、更活跃。所以,当你在谈判中倾听之前,要先唤醒你的脸,才能给对方积极的反馈。所以,我们在谈判中倾听时要注意自己的表情管理。

一、注视他人的眼睛

注视他人的眼睛其实是最基本的,而且是一种礼貌,倾听时要与对方平视,看着对方的眼睛,眼神轻松从容,这也是你有自信的表现,而且在表达自己想法时非常自然。倾听时,适度的眼神接触可以传达出丰富的情感,视线的接触会因说话者的内容、气氛、情绪、口气等因素产生不同的反应。所以,一个好的倾听者要学会运用自己的眼神来传递不同的情绪。

二、减少微表情产生

我们在与人谈判时,要尽量放轻松,处于一种比较舒服的状态,不要有拘束感。而且我们最容易做的一些微表情,也要尽量控制。比如,眨眼睛,这种表情会让说话者产生焦虑和不信任。比如,噘嘴,容易让人觉得你要反驳,或者不同意说话者的观点。所以,必须要控制住自己。

三、表情不要太夸张

表情太过夸张,不仅会让面部表情狰狞,还会容易出现皱纹,而且也会让说话者感到没有诚意,从而诱发说话者情绪上的变化,沟通也不再感到顺耳、舒服。为了不让自己失诚,在沟通时,要注意自己的面部表情要有变化,因为一成不变的表情,会让对方感觉你死板,反应慢。所以,在说话的时候,注意自己表情不夸张的同时,也不要呆板,这样对沟通效果不利。

四、表情要符合沟通氛围

在一次谈判中,我们注意到谈判双方代表说话时的表情。

甲方:我想我们首先还是来谈谈价格吧!这应该是我们双方最为关心的问题。

乙方:好的,没问题。

甲方:实事求是地讲,你们的产品质量很好,但是价格方面我们还是有些担心会超出我们的预算。

乙方:那么,您认为我们应该要求更多吗?(微笑)

甲方:(微笑)那肯定不是我所希望的,我只是希望能否在

现在价格的基础上下调5个百分点……

当谈判进入到非常关键的价格问题的时候，谈判氛围自然就会紧张起来。而此时乙方面带笑容，并使用相对轻松的问话方式，无疑起到了舒缓现场氛围的作用，也相应带动了甲方的情绪，让谈判现场情绪瞬间放松下来，从而使得谈判能够顺利进行。

所以谈判中在倾听时，我们要根据场合调整自己的表情，根据对方不同的讲话内容，注意自己表情的流露，尽量营造一种融洽和谐的谈判氛围。

第六章 学会倾听——把情报"听"出来

懂得倾听要点，才能找准谈判切入点

在谈判中，经常会出现对某个细节处理不妥当，导致谈判被动和失败的现象，给双方都带来不少利益损失。所以，在谈判中，要学会倾听，而且倾听中要抓住要领，才能为谈判助力。因为，谈判实际上是一种对话，在这个对话中，双方说明自己的情况，陈述自己的观点，倾听对方的方案、发问并作反提问，解答、互相让步，最后达成协议。所以，在谈判的过程中，如果始终在想自己接下来该说些什么，而不注意对方有没有发言、说了些什么、哪些是重点等，很多关键的信息就会错过，从而为谈判的失败埋下伏笔。优秀的谈判人员，在谈判中会把自己一半的精力用在倾听上，他们不只是倾听，还要边听边想，边想边分析，还会时不时给对方提一些问题，保证自己的理解没有偏差。他们在倾听中不放过每一句话，并不只是选择性地倾听，而是自己觉得重要的话，他们会从倾听中获得大量基础性的翔实信息，从而为谈判的成功获得更多可能。在谈判中，掌握了以下几个倾听要点，就可以轻松找准谈判的切入点。

一、边倾听边做记录

在谈判时，因为人们在现场的倾听有限，所以对内容的记忆是有局限性的。为了让倾听的效果发挥到最大，谈判中，应在倾听的时候做一下记录。这样可以弥补倾听时记忆有局限性的问题。这样有两方面的好处：一是可以让自己更好地理解对方的观点，加深记忆，当对方结束发言之后，可以找机会向对方提问，提问时准确地复述对方的言论；二是做记录的行为，会让对方感觉到我方非常重视谈判，这对谈判方来说是非常积极的鼓舞的行为，从而让对方对谈判充满信心。

所以，在谈判中，特别是信息量很大、充满变化的谈判，必须要做好记录。如果过于依赖自己的记忆，显然是无法满足谈判需要的，对谈判的结果极为不利。因为人在谈判的现场，大脑需要高速运转，才能应对好大量的谈判信息的分析和判断，所以仅靠记忆会非常困难，记忆只能记个大概，一些细节、数据、案例记忆起来会很费劲，而且很快就会忘个干净。因此，在谈判中进行记录非常必要，也可以避免在谈判中出现倾听障碍的现象。

二、分析对方的陈述

在倾听的同时，要对谈判方的发言进行分析，也就是说，要有所选择性，而不是照单全收。因为谈判现场通常都比较紧张，不是每一个谈判人员都有极好的口才，可能有的谈判人员为了表达某个观点，会绕很大的弯子，才能说明白。在这种情况下倾听，根本听不出个所以然来，也不知道什么是重点。所以，在倾听的时候，要对谈判方的信息进行辨别，找到重点，有选择性地倾听，才能保证倾听的效果。

三、不要先入为主

在谈判中，尤其是在倾听时，如果先入为主，那么就会把对方的本意给扭曲。因为人在倾听时，如果已经先入为主，那么对于不符合自己意愿的声音和信息就会忽略，显然这样做会让自己漏掉很多关键的信息。只听自己愿意听的、立场相同的讲话，很多信息都会变形，导致自己的判断出现失误。所以，在倾听的过程中，必须要杜绝先入主为的倾听方法，让自己把对方的意思全部听明白、听透彻。

综上所述，在谈判中谈判双方要轮流扮演倾听者的角色，一个作为说话者，另一个就要作为倾听者。而且倾听的时候，如果

哪个环节和细节听不明白,那一定要想办法弄明白,比如,可以通过提问的方式,进一步向对方核实、反馈,让对方知道你都听到了什么。

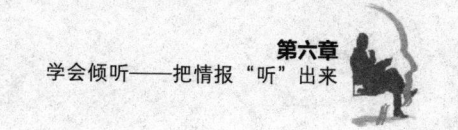

听出暗示信息，言外之意也很重要

王经理：小王，走啦，今天谈完了。

小王：谈完了？怎么好像什么都没有谈啊。

王经理：你回去以后，把合同写写，按照10%的返点。

小王：10%？对方没有答应啊。

王经理：没有答应，你写完，寄出去就行了，没问题的。

几天之后，小王真的收到了合同，而且是卖场自己寄来的。明明对方没有答应，怎么写到合同里面，就答应了呢？事实上，谈判老手王经理已经从谈判中"嗅"到对方的暗示信息，领会到其言外之意。而新手小王由于经验的不足，就会对此表示怀疑。

其实，谈判中听懂对方的暗示信息，或者言外之意，都是经过大量的谈判实践和与对方接触之后，才打下基础的。而且在谈判中，有些人出于各方面的考虑，不会当面指出你的问题，而是通过暗示的方式表达。暗示有时候通过言语表达，有时候会通过肢体动作表达。不管通过哪种方式表达，仔细倾听都是读懂暗示必不可少的步骤。听懂暗示信息，主要有以下几个方面。

一、从内容上来听

从内容来理解的时候，人们有时不会把自己内心的真实想法直接表露出来，但为了达到一定的目的，也不会完全隐藏。比如，推销医疗器材的销售员去拜访一家医院的采购部主任，对方说："你们的产品我们先研究一下。"这很有可能是变相的拒绝，也有可能是真的打算研究研究。不过，如果对方是这样说："我们先做个研究，当然，研究结果还要看你接下来的表现。"你要从内容中听出对方倾向于哪种意思。如果是拒绝，那可能是产品不符合对方的需求，就不要再浪费时间和精力；如果是研究，说明产品还没有打动对方，你还需要再寻找深入沟通的机会，让对方全面了解一下产品的功能和优势。

二、从表情上来"听"

观察行为心理学家的一项研究表明，在面对面的沟通时，人们通过语调、声音、肢体语言传达信息的比例分别为7%、38%、

55%。可见，通过观察谈判对手的面部表情，可以获取很多信息，这对我们理解他们的弦外之音至关重要。比如，对方说："你们产品的质量真是不赖啊！"但此时，他的嘴角上扬，眼睛斜看着你，说明对方并非在夸奖，而是在讽刺。

三、从肢体语言来"听"

分析研究表明，人们的肢体动作当内心有情绪和想法时很难受到控制。所以，人们很多言不由衷的行为可以通过观察肢体动作来发现。比如，一个你跟了很久的顾客被一个竞争对手给挖走了。一天面谈结束后，顾客说："你们的产品很不错，有机会一定合作。"说这些话时，他的胳膊摆动很大，很夸张，就很难让人相信他的为人。

四、从具体语境来听

理解语境是两个人说话的重要前提，即便是同一句话，放在不同的语境中，也会产生不同的效果。谈判者的声音、表情、肢体动作都可以被看作语境的要素，综合理解它们，就可以有效判断对方的"弦外之音"。比如，对方说："我们刚又建了一个厂房。"这句话的言外之意可能是说他们现在手头紧，也可能是说近两年生意不错，正在扩大规模。

根据对方声音，判断对方性格

大自然中的风、雨、雷、电都会以特定的声音呈现，而且可以利用这些声音来判断天气状况。同样，通过谈判对手声音的多样性也可以用来判断对方的真实意图、内心想法，以及对方的性格，从而认定对方是什么样的对手。

也可以说，谈判是你来我往的性格之战，但我们在谈判中会遇到各种性格的对手，所以无论谈判经验如何丰富，也不能确保做到万无一失。但可以针对他们在谈判中的声音，来判断他们的性格，然后再视其性格的不同而适当调整谈判的策略。那么，一般情况下，根据对方声音，可以把谈判者分为以下几种类型。

一、认死理的对手

如果在谈判中，谈判方说话是照着事先准备好的稿子念的，一板一眼，没有感情色彩，只是照章办事，那么这种对手是比较

认死理的。这种谈判对手的特点是在谈判开始之前,就已经把谈判相关的工作都进行了准备,甚至完成得非常翔实和全面。在谈判中,他们会直接告知对方,自己要达到什么样的谈判目标,然后对谈判中的细节和形式都已经制订好可行方案,中规中矩,谈判中的态度都很坚决,给人感觉没有回缓的余地。在同这种类型的谈判对手谈判时,要做好心理准备,回旋的可能性很小,没有什么讨价还价的空间,可以在谈判之前针对对方的情况进行摸底,从而掌握对自己有利的信息,进而在谈判中,用事实为依据,为自己争取更大的利益。否则,这种认死理的对手是不会做出让步的。

二、外向的对手

在谈判的沟通和交流中,如果对方说话动感情,说出来的话很有感染力和同情心,那么这个对手就是外向型的谈判对手。这种谈判对手在谈判前,不会做太多的准备工作,临场发挥的比较多,平时做事情也很随意,但为人和善,比较容易相处,也有很大的灵活性。所以在谈判中,针对这种外向的对手,可以多提富有建设性的意见,同时多向对方传递友好的感觉,进而赢得对方的信任,那么如果有让步空间,他们不会死板,会做出相应的让步,最终达成合作。

三、理性的对手

在谈判的沟通和交流中，如果对方说话对人爱理不理，也没什么热情，冷冰冰的，那么就是一个比较理性的谈判对手。他们在谈判最艰难的时候，也就是争论最激烈的时候，往往都很沉默，很少情绪有波动，说话条理清晰。在与这种理性的谈判对手谈判时，要坦诚相待，多从对方的立场考虑问题，灵活掌握和运用谈判的方法，进而为谈判创造良好的氛围。

四、痛快的对手

如果对方在谈判的过程中，声音很大，语速也不慢，那么就是一个痛快的对手。这种对手，能够直接表示自己的谈判意愿和谈判目标，他们非常自信，可以不停地表述自己的观点，谈判中总是兴致勃勃的样子。所以在谈判中，会很快进入实质性的问题，不会拖拖拉拉。与此同时，他们喜欢讨价还价，并且乐于此道，因为他们喜欢运用各种策略来达到自己利益的最大化。他们在谈判中总喜欢大包大揽，对所有的细节、重点都提前做好方案，希望谈判的条件对方能够全部同意，省得一直围绕这些问题沟通。

五、强势的对手

在谈判的过程中，这类谈判对手通常声音很大，说话时的语气咄咄逼人，不愿意自己的讲话被人打断，属于比较霸道的对手。这种谈判对手，之所以强势，有多方面的原因，比如，自己公司的实力比较雄厚，或者有独一无二的资源、个人的谈判能力很高、谈判经验很足等，所以这类强势的谈判对手，会对一些谈判的细节，比如付款方式、交货时间、交货地点等发表自己的意见，而且不容对方有所反驳。与这样的谈判对手交涉，要提前做好准备工作，能够从各方面来应对他们的强势，而且最终的谈判协议也要尽量翔实。

六、拖延的对手

如果对方在谈判中说话总是使用很多的语气词，那么对方就是一个拖延的对手，对很多东西都不会太肯定。这种谈判对手，对谈判对方的公司资质、信誉和实力很看重，因为他们总是担心受骗。所以，他们在谈判之前，会做大量的调查摸底工作，尽可能全面掌握对方的公司情况。与这种谈判对手建立信任很难，需要通过大量的友好、广泛和深入的会谈，才有可能。与这种谈判对手谈判时，要把重点放在氛围的营造上来，在谈判中尽量尊重

对方，让对方感觉自己受重视，防止出现其他的意外，比如，拖延、打断说话等情况，这样会延长他们做出决断的时间，不利于他们尽快做出决定。

七、爱面子的对手

如果在谈判中，对方说话非常温和，十分客气，能够给人亲近感，那么这就是一个很爱面子的对手。他们希望在谈判中为对方所看重，觉得他是一个大权在握、起着关键性作用的角色，从而让对方尊重自己。在与这种爱面子的对手谈判时，可以经常赞扬对方，称赞对方的能力、见识和经验，这样能够满足对方的虚荣心，进而促进谈判的顺利进行。

不急于反驳，先听对方把话说完

有一次，西子公司的推销员A，准备将几百台发动机推销给一个大工厂，所以他经常去这个工厂会见这里的一位工程师。

但这位工程师一点也不友善，他对A说，自己的工厂确实需要几百台发动机，但是不一定要西子公司的，现在有好几家公司在找他们谈，而且他对西子公司的发动机也不是很满意。听到这里，A就问工程师，对自己公司的发动机有什么意见，到底是哪里让他不满意。工程师告诉A，西子公司的发动机太热了，手根本不能放在上边。

A知道和工程师争论这些是不会有什么好结果的，于是他想到要换一种策略和他交流，从而来扭转局面。于是，他顺着工程师的话说，发动机确实太热了，这是一个共性的问题。但是，这个热度是有一个标准的，如果发动机的热度不超过这个标准，那么这个发动机还算一个好发动机。工程师听到这些，表示认同。

A于是紧跟着说,按照电器公会的规定,发动机的温度是可以比室内温度高出华氏72摄氏度的。工程师听到后,又点了点头。然后A接着问工程师他们的厂房温度大概有多少度。工程师回答说是华氏75摄氏度。A进一步追问工程师他心中理想的发动机热度是不是华氏147摄氏度?工程师再一次表示肯定。

此时,A看到了希望。于是,他给了工程师一个建议:"要是把手放在华氏147摄氏度的热水闸门下面可能会烫伤,那么可不可以不把手放在发动机上呢?"听到这里,工程师笑了,微笑着对A说道:"你的建议值得我参考。"

没过多长时间,工程师就叫来了自己的秘书,与A签下了价值不菲的订单。

从案例中我们可以看出,不急于反驳对方是一个谈判高手能不能取得成功的关键。然后可以通过一系列的设问和铺垫,把对方没有说出来的话全部说出来,并让他说"是",表示认可,那么他的整个身心肯定是趋向于肯定你的一面。因为他说"是"的时候,整个身心处于放松的状态,很容易让谈话气氛融洽和谐,也容易放弃自己的一些偏见,转而同意你的建议。

第七章 察言观色——洞悉对方真实意图

人在情绪激动时,脸上就会出现相应的表情,而且这些表情并不会容易被察觉,往往会一闪而过。但如果你在谈判中能够认真观察,就能找到破解谈判的一个途径,从而看到谈判者内心的真实感受,进而对谈判方的意图进行判断。所以,在谈判中学会察言观色很重要,能够通过表情来猜测到谈判对手的一些谈判目的和策略,这就是出色的谈判者与普通谈判者的区别。

洞察力，深入对方内心的武器

王先生是一名律师，最近他的客户接了一个上百亿元的建筑工程，目前正在招标，王先生的客户要带他去见与自己合作的建筑商。因为这个工程要先垫付资金，垫付资金达到上千万元，如果建筑商不靠谱，不能如期完成工程，那么这些垫付款就会打了水漂，这位建筑商的信誉就显得至关重要。因为王先生的客户之前并没有和这位建筑商打过交道，所以心里有几分犹豫。

某天，他要与这位建筑商见面谈合作的事情，就带着王先生去了。王先生发现，建筑商的公司设在一个没有产权的联排别墅中，门口挂着公司名称，王先生用手机登录查工商信息的App，查了这家公司的登记信息，它是去年刚刚成立的，认缴三千万元注册资金，也就是说并未实际入资，这家公司员工社保信息为0人，相当于一个空壳公司，股东高管也没有王先生客户朋友的名字。

第七章

察言观色——洞悉对方真实意图

王先生私下跟客户沟通了这些情况，客户认为他的朋友产业很多，这只是其中之一，也许是用他下属或是合作伙伴的名字开的公司，但实际控制人是他。见到建筑商后，寒暄时王先生说这个小院子很别致啊。建筑商说我们公司暂时在这里办公，近来正在谈收购建国门那边的一幢大厦。王先生在想，租赁无产权房和买北京东二环边的大厦，这跨度有些大啊。

接着建筑商介绍他的副总张总，说他曾经在某著名地产公司工作过三年。王先生问张副总："您从地产公司离职后就一直在这家公司工作吗？"张副总倒是健谈，说他还在某基金公司工作过两年，又自己开电商网站三年，赔光了，就出来找工作，来到这里给建筑商工作。从张副总的工作经历来看，属于干啥啥不行。一个真正有实力的大老板助理、秘书或副总，都是很牛的人物，建筑商请这样一位副手，只有一个理由，就是没有实力给牛人开高薪。

建筑商说自己正好有个诉讼案二审输了，想请王律师帮着看看能不能再审。王先生看了建筑商案件的卷宗，一审、二审都是办公室主任作为代理人出庭。如果有实力的公司，通常会请大的律师事务所，委托资深合伙人律师去作代理。这再一次让王先生感觉到，建筑商公司规模应该不大，经营的收益不是很高。

基于上述情况，王先生给客户的建议是，终止与他的合作。

王先生认为这位建筑商没有能力履行合同。如果他有这能力协调建筑商中标，前几年他就能中标，公司不会这么没有经济实力而且债务缠身。果然不出王先生所料，一个月后，工程公布中标企业名单，他们签协议的建筑商没中标。王先生的客户非常感谢王先生，很佩服王先生的洞察力和推理能力，以后公司的重大交易谈判都必须请他参与。

其实在谈判中，如果洞察力足够，就会发现谈判中那些不合理的地方。因为，在谈判中好的洞察力，就是深入对方内心的有力探测武器。

服装搭配藏着对方的真性情

公司最近有一个项目,需要派人去对方公司洽谈,但在这个项目负责人的人选上,主管却一直难以确定。正在这时,公司的经理找主管有事情,问主管让小李去行不行,主管嘴上没有回答,但心里打起了鼓。

因为小李刚来公司不久,这个项目这么重大,为什么要派他去呢。经理看到主管的样子,知道了他的意思,他说他非常看好这个小李,因为他发现在几次业务谈判中,这个小李总是能够细心观察对方,通过看对方的着装就能做出准确的判断,知道对方靠谱不靠谱,可不可以合作等。通过这些小事情说明这个小李很用心,凡事都能多动脑子,如果让他去做项目责任人,他一定会很负责任。后来公司就委派小李来负责这个项目,果然经理没有看错人,这个项目进行得非常顺利,小李在工作中尽职尽责,从来没有出过什么差错。

西方有句俗话,"你就是你所穿的"。因为,服装除了能帮助

人们驱寒蔽体，也是展现自己风姿和特色的媒介。在谈判中，它们能够向他人无声地传递你的社会地位、个性、职业、教养等信息。所以，任何人都不应小看衣装的作用。例如，在不同的职业、社会地位的小群体中，人们会根据服装将彼此区分开来。而且人们也会很自然地要求着装要与自己的职位相匹配。就像众人的印象中，一位办公室的文职人员，应当穿着白领正装，而不是短裤和T恤。其实，从心理学的角度来讲，不同的服装往往能够反映出着装者的不同心理与性情。如表7-1所示。

表7-1 着装反馈人的心理和性格

着装喜好	性格特点
喜欢单一颜色服装的人	性情多正直、刚强，并且爱理性思考。通常，性情沉默、稳重，并且有城府，往往让人有些捉摸不定，做事前会仔细考虑，并在想好后突然出击，常给人意外之举
喜欢简单朴素服装的人	性情沉稳，简单自然，待人真诚热情，他们在生活和工作中都非常诚实、肯干，并且勤奋好学，遇到问题常常能表现得客观、理智
喜欢穿同一款式服装的人	个性鲜明，爽朗正直，做事很自信，干脆利落并且爱憎分明。能够时刻遵守自己的承诺，一旦对他人应允什么，就一定要尽全力去完成。缺点是清高自傲，有时候会自以为是
喜欢宽松自然服装的人	内向性格，有时显得非常孤独。虽然他们很想与他人交往，但是往往会因遇到一些困难就后退。在人际交往中，性格中害羞和胆怯的成分比较多，不容易接近别人，也不易被人接近
喜欢穿长衫装的人	非常传统和保守，为人处世循规蹈矩，从来不会跨出传统礼节举动，缺乏冒险精神

综上所述，打量着装偏好，就能识别对方心理，为我们了解对手的性情有很大的帮助。在谈判中，不妨运用这些关键点，让自己脱颖而出。

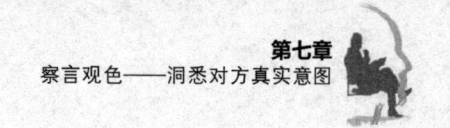

留意对方眼神，微妙心理全在其中

爱默生曾对眼睛做过这样的描述："人的眼睛和舌头所说的话一样多，不需要词典，却能够从眼睛的语言中了解整个世界，这是它的好处。"眼睛被人们称为"心灵的窗户"，说明它可以深层次地反映人的心理活动和情感，而且非常准确。

在谈判中，双方最先从目光接触。而眼睛具有反映人们内心深层心理的能力，所以能传达出很多的情绪。有经验的谈判者一般都会从见到对手的那一刻到握手达成交易时，都一直保持着同对方的目光接触。如果对方不停地眨眼睛，可能是因为神情活跃，对某事感兴趣，也可能因为紧张腼腆而不自觉地做出的调整行为。但若是眼神飘忽不定，则需要当心，他可能信息不真实，我们要做出认真判断。所以，在谈判中，如果想处于主动地位，那么就需要善用眼神的力量。

一、眼神运用技巧

在谈判中,不仅需要观察对方的眼睛,从对方的眼神知道对方在想什么,还要学会运用眼神的技巧。一是如果你想在谈判中给对方留下比较深刻的印象,那么可以在有目光交流的时候注视对方久一些,这样可以让对方感觉到你的自信。二是如果你正在和对方争论,或者在某个问题上有分歧,你想说服对方,那么你的眼神就不能离开对方,要让对方感觉到你的坚定。三是如果你发现对方正在看你,并且不明白为什么,那么你就要在接下来的谈判中,注意观察对方的一举一动,进而随时做好应对。四是如果你在和对方的对视中,感觉到了对方的敌意和不友好,那么你就要把自己的目光转移开,减少双方之间的摩擦。五是你在和对方谈判时,如果对方闭着眼睛,表现出一副漫不经心的样子,那么你就要知趣,及时暂停说话。六是如果你想和谈判方建立友好的关系,为谈判营造友好氛围,那么在谈判过程中 70% 左右的时间都要关注对方,这样对方会感觉自己受重视。七是如果你想和谈判方进一步交流,建立长期友好的合作关系,那么在谈判中就要用期许的目光注视对方,通过这种温和的目光接触,向对方传达友好的意愿。

二、眼神里的心理秘密

人们相互间的信息交流，总是以目光交流为起点，目光交流发挥着传递信息的重要作用。学会解读眼神中的心理秘密，无疑会对商务洽谈起到事半功倍的效果。如表 7-2 所示。

表 7-2　　眼神里的心理秘密

眼神变化	对应心理
眼角微皱	心理学家发现，交流沟通中高兴时，眼角会出现皱纹（鱼尾纹），而"社交礼貌式"微笑往往只涉及唇部动作，属于假笑
目光躲闪	心理学研究表明，不诚实的人目光接触反而会少很多，因为一些不真诚的交流中，对方害怕眼神把自己的恐惧出卖
直视对方	"交谈时双眼直视对方"所传递的信息包括：双方在一起很放松、很自信，而且对谈话很专注。因此，保持目光接触可留下良好的第一印象
长时间"闭"眼	长时间闭目养神、遮住双眼和耷拉眼皮的心理潜台词是"我根本不想听到这件事"
频繁眨眼	心理学家和体态专家已经发现，紧张或困惑会导致眨眼频率增加。当人们撒谎或感觉压力大时，可能不知不觉地频繁眨眼
眼皮下垂	"不怎么眨眼"或"一脸茫然"说明当事人没有用心听你讲话。厌倦时的体态语还包括：反复抠手指、打哈欠、看表等
眼珠乱转	眼睛左右转动或者向下看，通常表明"正在处理信息"。这样的眼神在求职中应尽量避免，否则容易被误解为"缺乏诚意"或"试图掩盖某种事实"
眯眼	眯眼可准确显示不适、压力、评判，甚至是愤怒。听话后的眯眼表情通常表明对所听内容产生怀疑、持不同观点或没充分理解
瞪大双眼	当人们对某人或某物感兴趣时，瞳孔会放大
眼睛发亮	多项研究表明，眼睛里的光会随情绪的变化而发生改变。因此，高兴时，眼睛会发光。悲伤抑郁时，眼光会黯淡

读懂对方的面部表情，谈判事半功倍

大多数人都自认是理性决策的人，但许多研究显示，在谈判中，情绪扮演了极重要的角色。如果只专注谈判对象所说的话，而不能理解他的感受，就无法达成所有可能达成的协商结果。当然，经验丰富的谈判人员知道如何隐藏自己的感受，他们会小心挑选字句、声调、肢体语言和脸部表情。在一般人眼中，他们看起来保持中立不偏颇的立场，而且不带感情。或者若他们觉得假装呈现出某种情绪就可以强化自身利益，他们就会装出那种情绪，而且表现得像是真的情绪一样。此时，不妨在谈判中提出重要问题时，专心注意对方的脸，至少要花4秒钟观察，而不是只听他回答的内容。

张先生是一位咨询顾问，正为客户提供服务报价："针对你的需求，我们对这个专案顾问费的报价是十万美元。"此时，张先生看出这位潜在客户的细微表情显示厌恶,他毫不停顿地立即根据他的反应调低价格:"但因为我们很希望和贵公司有长期的合作关系,而且很有兴趣你们公司的发展方向,所以我们可以帮你打个七五折。"

对于面部表情,张先生总结出了自己的经验。如果反过来,在首度报价后,在潜在顾客的脸上读到快乐或轻视的神情,这说明对方本来预期你会报更高的价格,或是怀疑你提供的并不是较高阶优质的服务。这种时候可以迅速反向调整报价:"刚刚所说是包含了 X 和 Y 的基本服务费用。针对你的情况,我另外还推荐你考虑我们一整套的服务,内容包含 A、B 和 C,总价接近十五万美元。"

这个案例说明,要时刻留意对方脸上的细微表情,就能针对谈判对手无意间流露出的感受,做出适当回应,确保自己掌控双方的对话,创造更好的谈判结果。

值得注意的是,谈判的人在说话时,比较容易掌控自己的面部表情。所以,不要问太多开放式的问题,而是直接向对方说明你想要什么,然后留意对方听你说话时的反应,根据他们的反应,引导接下来的谈话内容走向。同时,也可以提供多个选择方案,对方细微的表情会透露出他们偏好哪个方案。在谈判中,常见的面部表情及其作用如表7-3所示。

表7-3　谈判中常见的面部表情及其作用

细微表情	心理解读
眼睛轻轻一瞥;眉毛轻扬;微笑	表示有兴趣
眼睛轻轻一瞥;皱眉;嘴角向下	表示疑虑、批评甚至敌意
亲密注视(视线停留在双目与胸部的三角区域);眉毛轻扬或持平;微笑或嘴角向上	表示对己方感兴趣
严肃注视(视线停留在你的前额的一个假设的三角区域);眉毛持平;嘴角平平或微笑向下	表示严肃
眼睛平视;眉毛持平;面带微笑	表示不置可否、无所谓
眼睛平视,视角向下;眉毛平平;面带微笑	表示距离或冷静观察
眼睛睁大;眉毛倒竖;嘴角向两边拉开	表示发怒、生气或气愤
瞳孔放大;嘴张开;眉毛上扬	表示愉快、高兴
眼睛睁得很大;眉毛向上扬起;嘴角持平或微微向上	表示兴奋与暗喜

第七章
察言观色——洞悉对方真实意图

肢体语言解读

作为一名谈判者,不能只注重那些有声的语言分辨,还要注意一些无声的语言分辨,通过对一些无声的语言来洞察对方内心的真实状态,进而捕捉对自己有利的信息,引导谈判向自己有利的方向发展。在这个过程中,肢体语言作为无声语言的重要载体和媒介,其表现形式代表着不同的信息内涵。

一、手势语言

手势是人们在交谈中用得最多的一种行为语言,在谈判中常见的手势代表的心理和语言如表 7-4 所示。

表 7-4 谈判中常见的手势代表的心理和语言

手势	代表的心理和语言
伸出并敞开双掌	说明对方忠厚诚恳、言行一致
说话时掌心向上	表示谦虚、诚实、屈从、不带有任何威胁性

续表

手势	代表的心理和语言
掌心向下的手势	表示控制、压抑、压制，带有强制性，这会使人产生抵触情绪
挠头	说明对方犹豫不决，感到为难
托腮	对方托腮时若身体前倾，双目注视你的脸，意味着对你谈的内容颇感兴趣；若是身体后仰托腮，同时视线向下，则意味着对你谈的内容有疑虑、有戒心、不以为然甚至厌烦
搓手	表示对方对谈判结局的急切期待心理
对方双手交叉于腹部	意味着对方比较谦恭、有求于你、交易地位处于上风，成交的期望值较高
双臂交叉、叠至胸前并上身后仰	意味着对方不愿合作或优势、傲慢的态度
倒背双手的同时身体重心在分开两腿中间	意味着对方充满自信和愿意合作的态度
背手站立时做"稍息"状	意味着戒备、敌意、不愿合作、傲慢甚至蔑视
食指伸出，其余手指紧握，呈指点状	表示教训、镇压，带有很大威胁性

二、姿态语言

姿态语言所代表的心理如表 7-5 所示。

表 7-5 姿态语言所代表的心理

姿态	代表的心理
一般性的交叉跷腿的坐姿（俗称"二郎腿"），伴之以消极的手势	常表示紧张、缄默和防御态度
架腿	对方与你初次打交道时采取这种姿势并仰靠在沙发背上，通常带有倨傲、戒备、猜疑、不愿合作等意思；若上身前倾同时又滔滔不绝地说话，则意味着对方是个热情且文化素质较低的人，对谈判内容感兴趣

第七章
察言观色——洞悉对方真实意图

续表

姿态	代表的心理
并腿	谈判中始终或经常保持这一姿势并上身直立或前倾的对手，意味着谦恭、尊敬，表明对方有求于你，自觉交易地位低下，成交期望值很高。时常并腿后仰的对手大多小心谨慎、思虑细致全面但缺乏信心和魅力
分腿	双膝分开上身后仰者，表示对方是充满自信、愿意合作、自觉交易地位优越的人
十指交叉、搂住后脑	显示一种权威、优势和自信
一手支撑着脑袋	说明对方处于思考状态
对方若频频弹烟灰、一根接一根地抽烟	往往意味着内心紧张、不安，借烟雾和抽烟的动作来掩饰面部表情和可能会颤抖的手，十有八九是谈判新手或正在采取欺诈手段
对方点上烟后却很少抽	说明对方戒备心重或心神不安

三、肢体语言实用技巧

（一）不让对方"接近"，可提高气势

某项调查研究显示，如果沟通中的两个人之间的实力差距越大，那么两个人之间的距离就越大。如果这种情况，在上级和下属之间的话，非常常见，这种倾向会非常明显。所以，在谈判中可以利用这种空间上的优势，通过这种优势来增强自己谈判的气场，从而不让对方小看自己的实力。比如，对方听不进去你的话，那么你不妨把与他之间的距离拉开，用一种距离感让对方感觉到你的不满。或者与对方一起入座的时候，可以把椅子向后拉一拉，与对方保持一定的距离，让对方感觉你在施加压力。利用这种距离感，告诉对方，你不会再让步了。

（二）"模仿"对方的姿势，镜子连环效果

在心理学上，有一个效应叫镜子效应。就是如果你想让对方认同自己，进而博得对方的好感，可以采用镜子效应，也就是说你可以去模仿对方的一些姿势。通过这种模仿，引起对方的认同感，对你产生信任。这是一个非常神奇的方法，在谈判中运用这个方法，可以有效提高谈判的成功率，有利于说服对方。

（三）运用"告别"的技巧

在谈判结束后，告别的行动和言语要利索，在很短的时间内就离开现场，而且千万别把自己的东西落在现场，然后再跑回去拿。在心理学上有一个原则，就是人们对第一次见面和最后一次见面的印象记得非常深，如果你在谈判结束之后，留下一个拖沓、磨蹭的印象，那么对方会把它记在心里，给你的印象分就会下降，认为你是一个不太靠谱的合作对象。

（四）通过大幅度的"动作"吸引对方的注意力

谈判时为了吸引对方的注意，可以通过大量的动作实现。也就是说，动作要比平时夸张一些，虽然你会难为情，但这是一个非常有效的方法，谈判方会马上注意到你，进而认真听你讲的内容。这是心理学上的理论，人的注意力总是为一些活动的事物所吸引。这一点在婴儿身上最明显，婴儿总是喜欢看一些会动的东西，在会动的事物上会停留很长时间，注意力会非常集中。

第八章

运用技巧——步步为营，赢得谈判

所谓谈判就是说服对方的一个过程，让对方接受自己的某种期许和目标，归根结底就是沟通的一种方式，最终让谈判双方诉求都能够得到满足。那么，在进行谈判的过程中，我们该用什么样的方式来实现自己的谈判目标呢？事实上，每一个参加谈判的人都有自己的方法和窍门，也有自己的不足和优势。所以说，谈判就是一场技巧和方法的较量。

即使处于劣势，也要稳住步伐

我们在谈判的过程中会不经意间处于劣势，造成这种情况主要出于以下几方面原因。一是对方实力雄厚，企业规模较大，资金来源充足，能够从各个方面提供较优惠的条件。或者是公司有良好的经营状况，知名度较高。二是市场货源紧缺，对方具有垄断的趋势。在这种情况下，卖方会利用产品在市场上占有较大的比例，提高要价。三是产品具有较强的竞争力。这里指产品的性能、质量及新颖性等都比较好，也许是名优产品，这些都会成为谈判桌上讨价还价的筹码。四是能够提供独特的技术或服务，没有竞争对手，使得卖方能够从各方面迫使买方做出让步。五是市场供过于求，买方可以从容选择卖主，并以此要求卖主提供各种优惠条件。六是一方急于达成协议也会使自己处于劣势。如急于推销存货，迫切需要资金、货款等。此外，公司的信誉，谈判者所掌握的知识、信息，也会影响双方的地位、实力。

第八章
运用技巧——步步为营，赢得谈判

这时，为了保证谈判的成功，必须稳住步伐找出一些应对方法来扳回劣势。

在某次国际谈判中，我方计划引进一条电子产品生产流水线，最初选定了日本供应商的生产线，于是派厂里的技术员去日本公司实地考察。我方技术员到了日本公司进行实地考察后认为，日本的生产线比较符合公司的要求，决定从日本购买。但是日本认为自己的公司实力雄厚，技术过硬，所以要价也很高，于是我方和日本组织了一场谈判。

第一轮谈判是在我方公司举行的，我方为了使谈判能够成功，特意把一些行业专家请来，充当谈判的主力队员。谈判开始前，双方都进行了大量的准备工作，日方一开始就盛气凌人，态度傲慢，报出的价格相当惊人。为此，我方先后组织了5次谈判，希望对方能够把价格降下来，但日方一直咬住价格不放，让谈判无法再进展下去。此时，我方负责摸底的人员向谈判团透露出一个消息，日方的生产线在韩国也有几家类同的生产线，而且韩方为了打开中国市场，价格上有很大的优惠。针对这一情况，日方一度非常地头疼。听到这个消息之后，我方谈判组在第五轮的谈判中，宣布与日方的谈判结束，给对方造成了无力承担这么高价格的假象。反过头来，派技术人员去韩国进行考察。结果发现韩国的生产线品质不如日本，尽管如此，我方还是邀请韩方也

到中国来进行谈判。当日本谈判方听说韩方代表来到中国之后，日本谈判方听到非常意外，连忙把消息向日本总部汇报。日方深知这种生产线在中国不止一家需要，失去第一笔买卖，对以后进驻中国市场会造成很大的困扰。于是，日方主动要求恢复谈判，而我方则找借口加以拖延。日方急了，忙派中间商游说我方，表示愿让利销售，于是我方同意恢复谈判。最终，日方在价格上，同意让步，以我方满意的价格成交。

在此次谈判中，日方由最初的盛气凌人到后来的主动降价，就是因为我方稳住了步伐，针对日方担心失去市场的弱点，运用迂回战术，放弃正面进攻，针对其薄弱之处发起反击，步步紧逼，最终取得了胜利。

第八章
运用技巧——步步为营，赢得谈判

正面语言，更有说服力

语言，是谈判中重要的工具。也就是说，语言在谈判中的作用非同寻常，占有重要的地位，对于谈判的成败来说非常关键。因而，在谈判中多使用正面语言，是促成谈判成功的一个重要方法。

在一片森林中，有两位王者——狮子和老虎。一天，它们之间爆发了一场激烈的战斗，最后两败俱伤。狮子奄奄一息时，对老虎说："假如不是你非要抢我的地盘，我们也不会弄成这样。"只剩一口气的老虎诧异地说："我从没想过要抢你的地盘，我一直以为是你要侵略我。"

这个小寓言故事，形象地说明了一个道理：正面语言十分重要。那么，何谓正面语言？正面语言也就是有事当面说，而不是在背后说，简而言之，就是积极有效的沟通。在谈判的过程中，参加谈判的双方如果把自己的观点、方案和判断都准确清晰地表

达出来，就离不开正面语言的正确使用。那么，如果想正确地运用正面语言，就要掌握以下原则。

一、实事求是

在商务谈判中，正面语言发挥着重要的作用，因为它是谈判双方沟通和交流的主要工具，向对方提供具有可信度的信息和观点。实事求是原则，是一条最基本的原则，谈判不讲这条原则，那么无论口才如何好，谈判水平如何高，都不会让人产生信服感。

在商务谈判中，从供方来说，主要表现在介绍产品、企业、功能、质量、荣誉等方面，要实事求是，不欺骗不造假，用详细的数据、图片和视频来作为证明材料，会让对方产生更直观的印象，进而对供方产生信任；从需方来说，在介绍时对于自己的真实购买力，不要夸大事实，这样会让对方觉得水分太大。品鉴商品质量时，要中肯，不要随便褒贬。讨价还价时也要有诚意，不能一味压价，还价理由要充分。

二、有针对性

正面语言有一定的针对性，在谈判中面对不同的对手、不同的谈判目标、不同的要求和策略时，会有不同的正面语言。比

如，在谈判的推进过程中，要多用法律语言、规范语言；谈判开始之前，多用外交语言、幽默语言，能够为谈判营造良好的氛围，有利于双方拉近距离；谈判后期，要多使用商业规则语言和法律语言，体现严肃性。简而言之，谈判中正面语言的使用，必须有针对性，这样谈判的效果才会好。

三、逻辑性强

在谈判中，使用正面语言要有逻辑性。比如在陈述问题的时候，要注意语言前后要连贯，有一定的逻辑性，这样才能把问题陈述清楚。同样，在提问、争论、回答等环节使用正面语言也一样要求逻辑性。比如提问时，要注意语言与议题之间是否有逻辑性。回答问题时，要注意回答的内容与问题之间有没有逻辑性，否则会答非所问。说服对方时，使用的正面语言中，有没有逻辑性。否则，正面语言就没有说服力。同时，在谈判中，还要善于发现对手在逻辑上的错误和漏洞，及时做出应对策略，进而在谈判中占据上风。

四、有规范性

正面语言的规范性体现在谈判中，主要是语言要严谨、准确、清晰和讲究礼节。主要体现在以下四个方面。一是谈判中使用正面语言时,要注意语言是否清晰,有没有口头语和乡音,对方能不能听懂、听明白。二是谈判语言,要注意礼节性,做到彬彬有礼,是否符合职业和交际道德要求。在谈判中,不能出现人身攻击的语言、地方口语、污秽的语言等。在一些涉外的谈判中,还要注意不要使用"资本主义""霸权""侵略者"等词语。三是一言一行都要注意是不是准确,是不是严谨,特别是在争论和讨价还价的过程中,稍有不慎,语言表达不准确,都会引起误会,导致谈判以失败告终。四是谈判时要声音洪亮,讲究抑扬顿挫,避免出现大吼大叫、吞吞吐吐的样子,更不能带有任何的情绪。

不可流露胆怯，适当摆出"高姿态"

在一些非常重要的谈判过程中，很多谈判者会为现场的气氛所震撼，感觉自己喘不上气来，不敢大声说话，甚至心跳加快，出现紧张的感觉。如果在谈判中表现出害怕的感觉，那么对方就会发现你的软弱，进而在谈判气势上占据上风。一旦如此，谈判的士气就会低落，被对方掌控，主动权很难再夺回。如果谈判者在谈判的过程中有了胆怯的表现，那么在接下来的谈判中，这种感觉就会如影随行，很难再扭转局面，只会随着谈判的推进，胆怯越来越严重。如果谈判者不能克服这种胆怯的感觉，镇定力不足，那么就会导致谈判的最终失败。如果想在谈判中克服这种胆怯，可以让自己故意摆出高姿态。比如，可以通过语言来给对方施压，告诉对方我方不会让步、价格的事情不用商量、10点之前必须结束谈判、规定时间内要把货送到等。

谈判桌上各抒己见，常互不相让，你若摆出"高姿态"，表现出充分的自信，就会给对方造成很大的精神压力，对方会觉得你是难以战胜的，因而往往在希望的前提下主动放弃一些努力。所以，在商务谈判中，不管遇到什么样的困难和压力，都不要流露出胆怯，要有坚持到底的决心和必胜的信心，故意摆出"高姿态"，就算有时想求和，也要不卑不亢。

A的公司参与一个项目已经太迟了。几位竞争对手都曾到访、寄出技术方案和报价，甚至做过技术演讲。第一次去的时候，客户说得很清楚，前几家公司可能在配置或者价格上都没有达到预期的效果，所以才找其他公司比较。在当天的谈判中，A对客户说："先生，我直截了当，想知道你的工厂是不是肯定进行这个项目？而且是不是你们已经有了供应商，找我们来只是为了比价？如果是的话，对不起，我就不必做方案和报价。我现在手头有很多事情，就不再浪费时间了！"客户听A这么一说，他立即告诉A放心，这个项目要完成，他们没有决定要用哪一个供应商，机会是公平公正的。

这个案例告诉我们，谈判中有时要故意摆出一些"高姿态"，不是对所有的对手都要毕恭毕敬、客客气气，很多时候要展示出你的个性、你的风格，让对方觉得你是与众不同的，更让人印象深刻。

坚持自己的立场，不屈不挠。尤其是砍价的时候，一定得沉住气，对方如果已经正儿八经地和你谈价格或者付款方式的时候，他基本上已经确定给你做了，这时候比的是谁更冷静，谁才是胜出者。所以，首先得在"姿态"上压倒对方：肯定我们公司的产品或者服务出色！就值这个价！降一分都是对公司的不认可！对自己的能力打了折扣！

在谈判中摆出的"高姿态"就是一种气势、一种魄力，更是一种谈判的艺术。掌握这一技巧，在更多的时候可以让我们掌握谈判的主动权，旗开得胜。反之，处处表现得小心翼翼，唯命是从，对方的一切要求都是合理的、有道理的诸如此类行为，反而适得其反。

步步施压，轻松占据优势

谈判不仅是一种智力的较量，也是一场关于策略的较量，因为谈判双方都想使自己的利益最大化。无论是否定对方的原则和条件，还是申述自己的原则和条件，其本质都是让自己的利益最大化。所以，谈判时，压力就像空气一样无处不在，双方或明或暗地都会给对手施加一定的压力。其实，有效地给对方施加压力，往往能够让自己在谈判中占据优势，从而达到自己的目的。

王先生是一家销售公司优秀的推销员。他喜欢阅读销售书籍，思考各种销售技巧。在与客户谈判时，他非常善于给客户施加压力，特别是当客户有讨价还价的意图时，他总能用这一招让客户无法反驳，进而放弃降价的念头。

一次，王先生去某公司谈判，谈判之前他都会做足功课，了解该公司的情况，做好各种PPT、报表、资料等。那天，介绍完产品之后，客户很满意，就是嫌价格有点贵，还没等客户提出要

第八章
运用技巧——步步为营，赢得谈判

求，王先生就把之前准备好的资料拿了出来，逐一分析，指出公司软件的优势，一条又一条，让客户根本没机会开口。张先生用产品的优势进行追问，让客户自顾不暇，开不了口，随后以王先生的报价成交。

从案例中我们了解到，谈判过程中如果能够一步步有效施压，可以帮助销售员很快占据主导地位，使用这种方法只需要注意一点，时刻关注对方的承受力，如果压力太大超过了对方的临界点，那么很可能导致谈判终止。因此，在谈判中，如何一步步有效给对方施加压力，往往是能否拿下谈判的关键所在。

一、施压要适度才能效果显著

售货员A：你好，听说贵公司要更新办公设备。我想向您介绍一下我们的产品。

经理B：我们要更新一些办公桌椅。你们的产品有什么优势吗？

售货员A：我们的产品有三个特点。一是产品质量好，客户好评如潮。二是售后服务好，除了免费安装，还提供一年的免费维修。三是环保标准。最重要的是我们的产品在市场上很受欢迎，下半年已经下了不少订单。如果你想下订单，就应该密切关注。

经理B：真的吗？那我今天下午去参观你们公司。如果合适的话，我们将订购你们的产品。

售货员A：好的，欢迎来参观。下午见！

案例中，售货员A在推销自己的产品时，除了干净利落地说出了自己产品的优势之外，还特别强调订单已经排到了下半年。这让经理B感到了压力，因为他要在年底前更换完办公设备，时间还是有些紧的。尽管市场上卖办公设备的公司很多，但经理B还是担心万一失去最理想的选择可就不划算了。于是他立即决定，下午就动身前往A的公司考察。

由此可见，在谈判中没有谁处于绝对的强势，双方都会背负一定的压力，就看谁能抢占先机，使谈判发生微妙变化，逼迫对手做出让步与妥协。这就看谁能够更好地在谈判中主动进攻。所谓谈判中的主动进攻，无非就是设法把对方可能获得的利润全部或部分转为自己所有，但是如果不采取巧妙的方式对方是不会轻而易举同意的。所以，在展开进攻时，首先要有理有据，做的分析要使对方难以反驳，以至于不得不接受你的条件，进而做出让步。

实际上，当一方确立了谈判的主导地位，另一方的底线就像大河闸门，只需稍微施加压力就会导致闸门大开，一泻千里。但是，如果一方只是一味地向对方步步紧逼，搞得对方节节败退，也可能致使谈判不欢而散。所以，在给对方施加压力时也必须把握好适当的度。比如，适度地夸耀自己的产品或项目的优势，可以制造出有利于自己的气氛，而且会使对方产生一定的压力，担心万一失去这么好的产品或项目，有损自己的利益，从而加速谈判的进程。

二、施压不能紧逼，否则容易前功尽弃

售货员A：你好，我是售货员A。

B先生：你好，我在等你的电话！

售货员A：我们最后确定合作吧？

B先生：我认为还有几个问题需要讨论。

售货员A：我们不是都谈过了吗？

B先生：我觉得价格应该便宜些。你方报给我们的最低价格也比其他同类产品高出至少7%。

售货员A：对不起，实在不能再降价了。我们已经报了最低价。你不能只看价格，质量是很重要的。毕竟，每个价格就是每个产品的价值体现。我承认其他同类产品的价格确实比我们便宜，但我们的质量和服务有保证，目前，我们的产品环保性能是最好的，同时也提供了三个保证。

B先生：这些我们都知道，否则我们就不用继续谈了，是

吧！我是觉得你们的价格太高了，不仅从同类产品的价格比较来看，而且考虑了你们刚才提到的因素。

售货员A：老实说，我认为你对价格的要求太高了。我们给其他公司的价格比你们高，而且我们给了你们最优惠的价格。

B先生：但对我们来说，价格还是太高了。你方应至少降价5%，否则我们将从其他公司选择类似的产品。

售货员A：对不起，我们不会再降价了。如果我们能降价，我们早就降价了。为什么要等到现在？

B先生：我们也考察了市场，不能超出我们的预算。请认真考虑我的建议。

售货员A：您不应该不知道我们的产品在市场上很受欢迎。据我们初步统计，目前市场占有率已达80%，订单已安排到明年。这说明我们的价格是合适的，所以我们不可能降价。

B先生：在这种情况下，我们不得不放弃与你们的合作。

售货员A：啊，不——

案例中，销售员A渴望与B先生达成合作协议，他们此前已经就此沟通了几次，大致上形成了合作的意愿。当他们在又一次的谈判中就价格这一核心问题进行最后谈判时，销售员A不仅不肯适当下调报价，而且依旧步步紧逼，甚至做出最后通牒式的回答。无形中所施加的压力让B先生感到实在难以接受，于是他只好做出放弃的决定。当 B 先生已经放下电话时，A 才意识到大事不妙，他试图想做些让步，但为时已晚，而一次重要的商机也因此失去了。由此可见，谈判也像处理生活中的其他事情一样，要注意对方的接受力，不要一点余地都不留。俗话说，"与人方便就是与己方便"，在谈判时给对方适当的"机会"，才会给自己带来真正的机会。

遇强则强,压制对方嚣张气势

在很多谈判中,遇到非常艰难而谈不下来的情况较多。如果谈判对手不讲理,不按常理出牌,我们就很难用常规的方法说服对方,比如,用事实讲道理的方法。这种情况下,可以改变一下谈判的策略和方法,给予对方直接的回击,态度强硬起来。往往这种时候对方会被你突然的转变所影响,进而在你的强势之下,方寸大乱,嚣张的气焰马上就会消弱。

林肯是一个很随和的人,他宽容大度,赢得了美国人民的支持。但是,面对有些人的无理要求,他则会以强硬的态度反击。

林肯就任美国总统后,一个年轻人在接待日来到林肯的办公室,请他为自己提供一份工作。这个年轻人先是谈论他的理想和伟大的计划,然后夸耀他的能力。林肯非常了解这个年轻人。他见过他很多次。林肯不喜欢这个自吹自擂、无所事事的年轻人。于是,林肯礼貌地拒绝了年轻人的要求,并建议他做好现在的事情，继续锻炼自己的能力。

但年轻人不这么认为。他接着说："总统先生，让我试一试。我会做好你安排的工作！"林肯再次拒绝了他。之后，年轻人的态度变得激动起来，他愤怒地指着林肯说："总统先生，你根本不关心我们年轻人，也就代表着，你根本不关心美国的未来。"

林肯本来就很讨厌这个年轻人，现在再也无法忍受了，他严厉地盯着那位年轻人，然后从椅子上站起来，一把抓住年轻人的衣领，不由分说地将他往门外拽去，然后用很大的力气把门关上。那位年轻人一下子泄了气，尴尬地在门外说："你把我的简历还给我好吗？"

随后，林肯又怒气冲冲地再次打开门，把年轻人的简历摔在他身上，然后狠狠地关上门。

当然了，谈判中的强硬并不一定是发脾气，有时候可以按照对方的逻辑，直接攻击对方的弱点，压制对方的嚣张气焰。

尼克松任美国副总统时，赴苏联参加在那里举行的美国展览。演出前不久，国会通过了一项关于"被奴役国家"的决议草案。决议的一些内容让当时的苏联领导人赫鲁晓夫非常不满。

赫鲁晓夫向来访的尼克松表达了他对该决议的不满。在与尼克松会谈的过程中，他表现得非常不配合。当双方在会谈中谈到美国的外交政策时，赫鲁晓夫嗤之以鼻，他直截了当地提出对美国国会通过的关于"被奴役国家"的决议草案相当不满,认为这是"比马粪还臭"的行为。

面对赫鲁晓夫这样无礼的言辞,尼克松也特别生气,但他没有表示出来,而是不动声色地说:"我想您一定忘了,在这个世界上当然有比马粪更臭的东西,那就是猪粪。"尼克松说完,赫鲁晓夫的脸色马上就变得非常难看。原来,赫鲁晓夫年轻时曾做过猪倌,猪粪的气味应该是他最熟悉的。面对尼克松的反驳,他非常生气,却又说不出什么。

案例中,面对高傲无理的赫鲁晓夫,尼克松采取了一种最直接也最有效的方式,那就是直击对方弱点,毫不留情地进行回击。很多人都存在一种欺软怕硬的心理,因此,我们在与别人谈判的时候,不能一味地忍让。别人如果确定你不敢反击,就会越来越强硬,这样的话,你就会处于被动。所以,适当进行强硬的反击是必要的,这样做有助于我们消除对方的优越心理,将双方拉回到同一高度,这样的话,我们才会慢慢掌握谈判的主动权。

比如,你正在给一位潜在客户做产品推介,推销公司的产品,在完成报价或者提出条件之后,对方会板着脸,非常强硬地说,"我觉得你应该给我一个更好的条件",紧接着他会闭上嘴,选择沉默。这其实就是给了我们一个不折不扣的下马威,在这种情况下,因为担心丢失成交的机会,很多人就会有顾虑,放弃坚持，选择就范，马上给对方做出让步。虽然这种方法在谈判中很见效，但如果想和任何一个商业伙伴建立长久的业务合作关系，那么用这种方法去"说服"对方，并不是一个聪明的行为，那个感觉自己"赢"了的人，往往会输得更惨。因为，谈判的最好结果是双赢，双方能够和谐融洽再好不过。但是，我们也要学会应对各种状况，要学会根据具体情况调整谈判策略，不仅要会和平协商，还要会强硬斗争。

突出个性特质，塑造良好形象

谈判风格是指谈判者在谈判的过程中所表现出的一种谈判特点，在谈判策略、谈判行为、谈判方法等方面与别的谈判人员不同，有很明显的区别，而这种风格不是模仿和学习来的，是通过长期在谈判中积累和积淀而来的，可以全面反映谈判人员的综合素质和谈判水平能力，经过了实践考验，被所有人肯定和认同。

其中，谈判人员的个人形象是谈判风格的一个重要组成部分。一个形象出色的谈判者，往往能带给人赏心悦目的感觉，能直接激发对方的兴趣，有效地促进交易的成功；反之，一个形象不佳的谈判者，会给对方留下糟糕的第一印象，使对方在心理上对其公司的产品和交易产生置疑，这可以解释成是心理学中"光环效应"。那么，如何才能很好地突出个性特质，塑造一个形象气质俱佳、有风度的谈判者呢？

第八章
运用技巧——步步为营，赢得谈判

一、端庄的仪表

在谈判的过程中，谈判人员在服装搭配上是不是得体，能不能给人留下好印象影响很大。通常情况下，在谈判中，谈判人员的服饰需要注意以下几个方面：一是谈判人员的服装要大方整洁，与自己的身份相符；二是上衣和裤子、裙子等没有皱褶，且袖口没有污渍；三是谈判人员不应穿过于奢侈和光鲜的服饰，会分散对方的注意力，影响谈判的顺利进行；四是在谈判中，男士保持发型短小精干，不留长发和另类的发型，能够给人稳重和干练的感觉，女士的发型要自然，不做作，可以画淡妆，自然美就是最佳的选择。

二、谈吐方面

在谈判过程中，谈判人员要让自己的言辞大方简洁，说话不急不慢，不温不火。如果在谈判中谈吐太着急，或者说起话来吞吞吐吐，会让对方低估实力，进而在谈判中不能很好地占据上风。在谈判中表达不恰当会显示出你对对方的不尊重，甚至引起误会和摩擦。对他人说话时，首先遇到的是称谓问题。如何称呼对方，要快速辨清对象，尊重对方的称谓，注意亲疏关系、熟悉程度以及年龄、性别之间的差异

性，同时，称谓要懂得区分场合才能表现出对他人的尊重。此外，在谈判过程中，还要注意谈话的距离、手势、语调、措辞等。

三、举止方面

在谈判的过程中，谈判人员的一举一动都会引人关注，这些举止包括谈判人员的坐姿、站相和走路的姿势等，都要一板一眼，给人自然和大方的印象。同时，在注意自己举止的同时，还要注意自己在谈判中表现的态度，因为态度会直接影响到对方的情绪，甚至会影响到谈判的结果。如果在谈判中，其中一方的态度十分强势，那么谈判就很容易陷入僵局。如果双方都亲切友好，那么就会给谈判营造十分融洽的谈判氛围。

四、风度和气质

"仪表"和"风度"二者是相互关联的两个词，一个代表着形象，一个代表着举止。在谈判中，如果一个仪表非常潇洒、精神而有活力的谈判者，很容易给别人留下极好的印象。同时，一个风度翩翩的谈判者，一举一动中透露出的自信、条理会让谈判对手不敢轻视，进而对谈判的过程更加地重视。

马先生就是一个有威严的人，有人说这是他的一种

第八章
运用技巧——步步为营，赢得谈判

独特气质。无论任何场合，只要马先生一出现，这个场合马上就会变成马先生的主场，大家都立刻闭嘴，听马先生说些什么，谁也不敢乱插嘴。在场的每一个人都能够感受到马先生的威严，无声胜有声，令人生畏。事实上，马先生的这种气质，在很多名人身上也很常见。比如拿破仑，每当他出现在演讲台上，所有人都专心听他说什么。在他们的眼中，拿破仑身上有一种无法言表的魅力，让他的风度和气质非常独特。事实上，拿破仑的外表并不出色，身材矮壮，身高只有160厘米。

由这个案例可知，一个谈判者的气质，往往可以通过身体的动作一点点地呈现出来，为他们所感知。而且这个过程一点也没有矫揉造作的感觉，别人会感觉有一根绳子在暗中牵着自己的眼睛和心，无形中被牢牢地吸引。

而谈判者这种与众不同的气质和风度，并非先天遗传，而是在后天的大量实践中煅烧和沉淀而来的。不仅需要谈判者拥有深厚的知识，还要有丰富的谈判经历，懂一些心理学，能够从容应对谈判中种种复杂的情况。与此同时，还懂得一些相关的法律、法规和谈判的专业理念知识，这些都会成为谈判者成长的养料，是一个优秀的谈判人员应该具有的素质。有了这些知识、理论和经验做后盾，谈判人员才能自信地在谈判桌上挥

斥方遒。

除了以上这些基本的知识、理念和经验之外，谈判人员还要培养自己的综合修养，才能更好地展现出良好的气质和风度。比如，谈判人员要有社交经验，精通社交礼仪，能够积极参加各种谈判活动，见多识广。

第九章 抓住要领——走上谈判成功的捷径

许多谈判者在谈判的过程中,谈判的风格和方法大多是按经验、理论进行,但面对一些复杂的谈判情况时,很容易会出现一些差错,让谈判对手抓住漏洞,占据谈判的主动权,从而让自己陷入被动境地。那么,在谈判中有哪些经典误区是容易跨入的?又该如何抓住要领,掌控谈判主动权?

就事论事，避免带入个人情绪

情绪失控是谈判场上的一大错误，它会让我们说错话，轻则得罪人，重则完全毁坏自己的谈判。谈判中，对手经常会使用激将法来促使我们就范。比如，故意质疑我们的实力来逼我们提高质量，或者故意透露竞争对手的价格来促使我方降价。如果我们不能对一些让我们愤怒的小事淡然处之，那么我们恐怕就会身处危险之中。因此，谈判桌上一定要就事论事，控制好自己的情绪。特别是在双方因为小问题而争吵，或对方态度不够和气时，更要拿捏好自己的情绪，以免因为激动而把话说得难听，或说得太绝。

很多谈判者不注意这一点，他们常常会为了一个小问题而在谈判场上大发脾气，或与对方陷入激烈的争论中。为一解心中之气，结果直接放大或激化矛盾，最后直接导致谈判的失败。殊不知，因为别人的言辞而改变自己的说话方式和失去理智是非常愚蠢的。那么，怎样才能在谈判中不带入个人情绪，避免陷入争吵或辩论中呢？

一、做到心中有数

如果在谈判中出现不良情绪，比如焦虑、抱怨、着急等，大多都是因为没有做好充分的准备工作，一旦某个环节跟不上，出现差错，就会让我们感觉承受不了，进而导致情绪失控。如果在谈判之前做好充分的准备，方方面面都没有疏忽，那么在谈判桌上，无论对方如何纠缠和刁难，我们都可以有力地还击，而且不动声色，做到大大方方、不失礼貌。因此，在谈判桌上，知道自己要说什么至关重要，做到这一点的前提就是心中有数，然后用最直接、最直白的语言表达出来，进而在谈判桌上游刃有余。

二、及时控制不良情绪

如果在谈判中发现自己的言行中带有情绪，要立即控制和化解，否则会造成无法挽回的局面。通常情况下，转移话题先让自己和对方平静下来是一个不错的选择。只有冷静，才能把对方的话听进心里去，分析研究之后，进而知道自己为什么会产生情绪。如果是对方有情绪，可以暂时不说话，然后等对方冷静下来之后，再告诉对方，其实自己很理解对方的心情，希望尽快达成

共识来解决这个问题，这样对方感觉到你的尊重，自然而然就没有了情绪。

三、谈判中消除情绪的具体方法

如果对于谈判中产生的不良情绪，你没有办法控制它，不如按照以下的步骤一点点地消除它，进而真正地、彻底地战胜情绪。

（一）判断情绪

比如，在一个管理人员参加的工作会议上，A提出了一个崭新的营销计划和方案，因为事先准备得非常充分，所以讲解时，A特别自信。但就在他兴致勃勃的时候，突然有人提出了不同的意见，这让A非常扫兴。此时，如果你是A你该怎么办呢？

在这个案例中，我们可以先把这个情绪判断一下，你的扫兴来自哪里？是同事的不认可，还是对自己计划和方案不自信？然后直面这种情绪，如果这种情绪对于方案和计划推行是有利的，那么我们就可以接受它，如果是有害的，那我们就要克服它。

（二）找出原因

如果在谈判中发现自己产生了情绪，那么接下来你就要找到

自己产生情绪的原因在哪里。比如，你看了谈判室的人，发现对方有一个人的脸色很难看，而他难看的脸色让你很不自信，那么此时你就可以转移自己的视线，不再看他的脸色。关于这一点，心理学家建议，如果遇到这种情况，你可以假想一下，这个人难看的脸色，其实是他对你的真诚微笑，这样一想，你就不会再在意他的脸色，进而忽视他的表情，那么你的谈判也不会再有情绪产生。

（三）改变表现

假如你在谈判中产生不良情绪，体现在表情、语言、动作上，那么就要试着改变这些变化，进而消除这种情绪。比如，你说话很快，可以试着放慢语速，克制情绪的宣泄，还可以用调整呼吸、舒展表情等方式，来改变情绪的变化。

（四）外在控制

前面所提到的控制多为内在的控制，是不为他人所发现的。当控制情绪的方法失效的时候，我们可以试着进行一些外在控制，也就是采取相应的行动控制自己的情绪。比如，我们原本很焦虑，如果原先是皱眉头，不妨试着微笑，强迫自己改变。

不要把话说死，时刻留有余地

随着人们越来越重视环保，市场上的环保产品越来越多。张经理凭借商人的敏感，早早地意识到柳编有利可图，于是来到有"桐木之乡"之称的山东曹县，与当地许多桐木产品收购站建立了生意往来。由于诚信经营，张经理与收购站合作得很愉快。

一天，张经理又到山东收货。当地一家颇有实力的公司派代表来请他吃饭，希望双方可以合作。该公司的代表表示，他们公司有能力包揽曹县的桐木生意，希望张经理放弃和那些小收购站的合作，与他们公司联手，这样就能有效地控制产品的价格，为双方带来更丰厚的利润。

张经理听了，沉思了片刻。他知道这么做对他无疑是有利的，但他又不能这么做，毕竟他与那些收购站已经建立了长久的联系。可是，如果不这么做，他就得罪了对方。对方实力雄厚，

第九章
抓住要领——走上谈判成功的捷径

和当地政府关系也不错，如果断然拒绝对方，无疑会有损对方的面子，对他自己的生意也会有些影响。

经过了一番考虑之后，张经理对那位代表说："贵方提出的条件这么好，对我来说实在很有诱惑力。不过，你们肯定比我还要了解这边的情况，也知道那些收购站都靠这一行吃饭，要是我们砸了他们的饭碗，万一出了什么事，咱们也难免会有损失。不如这样，等我想到一个稳妥的办法之后，我们再合作。如果我需要合作，一定会找到贵方一家签约，额外的利益也都是贵公司的，您觉得怎么样？"

张经理这么说表明了是在拒绝对方，可又没有伤害对方的面子，还暗示了双方将来还有合作的机会。不过，对方是个老于世故的人，他自然会明白这是张经理的推脱之词，可同时也非常敬佩张经理的为人。所以，他对张经理说："张总真是明事理之人，今天我们虽然没能达成共识，但是我能够借此机会与张总坦诚地交流，也不虚此行。希望将来我们会有机会合作！"

这就是在谈判中回答问题留有余地的妙处。很多时候双方谈判，即使难以达成一致意见，也不至于反目成仇，因此，我们一定要学会给对方面子，不给以后的合作设置障碍。

这个案例就是在谈判中留有回转余地的好处。虽然在谈判中，我们不一定能够达成共识，也不一定能够谈判成功，但也不会因此而成为不能打交道的仇人。所以，我们要学会在谈判中给对方留有一些情面，进而为后期的合作做好铺垫。事实上，谈判并不局限于商务谈判，它已经渗透在人们工作和生活的各个层面，虽然个人的谈判水平和能力对于谈判的结果有着重要的影响，但一些谈判中的应对技巧也发挥着不可忽视的重要作用。具体如下。

一、给自己留有空间

在谈判中，回答者应尽量缩小提问者的提问范围，限制回答的前提，并在回答问题时给自己留一些空间。回答问题时，不要过早地暴露自己的实力。同时，可以先指出一个类似的情况，然后再回到话题上来。或者，用反问句来转移问题的焦点。

二、回答问题要思考

在谈判中，我们在回答问题之前一定要小心，需要深入思考问题并给出适当的答案。因此，我们需要足够的时间来思考。一般来说，谈判者回答问题的质量与思考时间成正比。谈判中，一些提问者会连续提问，使你在没有充分思考的情况下回答问题，这是一个很常见的招术。如果谈判中出现这种情况，你需要冷静，没必要紧跟对手的提问节奏，可以把语速放慢，或者干脆告之有些问题需要你深入地思考，然后再给回复。

三、避免被对方提问

很多时候，在谈判中如果对方认为你的问题回答得不明确，或者存在一些错误，他们会紧跟着追问。这种情况要尽量避免，不要让对方抓住一个问题连续发问，否则很容易造成对自己的不利，此时最好的办法就是推托问题无法回答，进而转移对方的关注点。

四、不随便回答

在谈判时，有时候为弄清楚对方的底细和真实情绪，谈判者会故意提一些界限很模糊的问题，进而静观对方的表现。在这种情况下，一定要弄清楚对方的真实意图，经过慎重思考后再给出回答，否则就会落入对方的圈套之中。因为问题都具有针对性和封闭性，很容易中招。

五、可以直接拒绝回答

回答问题并不是每一个谈判者必须要尽的义务，对于谈判对手提出的问题，有时候不必每一个都要负责任地回答，有些不方便、不适合回答的问题，可以直接拒绝，免得自己陷入被动。如

果直接拒绝，对方也不好意思再追问下去了。

六、不妨将错就错

有时候在回答对手的问题时，如果对方对你的回答进行了错误的理解，而这种错误的理解对于接下来的谈判非常有利，可以帮助你达到谈判的目标，此时你可以不必更正，而是采用将错就错的方式，引导谈判的方向，向对自己有利的趋势发展。理解错误的情况，在谈判中时有发生，在正常情况下，会对谈判增加难度和障碍，需要马上进行纠正。但在一些特定的情况下，可以装糊涂，不予纠正和解释，进而为谈判的成功埋下伏笔。

七、拖延处理

有时候谈判对手的提问非常复杂，可以对这些问题进行拖延处理，以资料不全，或需要请示和商量为借口，给自己争取足够的时间，来想如何应对谈判对手。这样做并不是不回答对方，而是进行深度思考后再回答双方。

第九章
抓住要领——走上谈判成功的捷径

谈判"六忌",每一点都很重要

现在的大多数谈判都展现出一种融洽友好的气氛,最后也达到了双方都满意的效果。由此可见,融洽友好的气氛有助于实现双赢。但如果不注意谈判禁忌,便无法营造融洽友好的氛围。谈判中,具体有哪些常见的禁忌呢?

一、忌过于强制对方

约翰在谈判桌上与一位公司客户进行产品促销,向他们推销公司的产品。约翰完成报价后,对方的负责人很僵硬地说:"我想你应该给我一个更好的价格。"然后他就闭嘴了。不管约翰说什么,他都选择沉默。约翰对负责人的态度感到惊讶,他觉得公司实力太强,不重视他这个小推销员,于是气愤地离开了。不久之后,公司急需一款限量版产品,但发现只有约翰有存货。然而,基于他以前不愉快的经历，约翰故意给公司报了一个比原价高出许多倍的价格。让这家公司进退两难，最后只能高价购买产品。

这个案例告诉我们，在谈判中如果过于强势，用语言压制对方，这样的行为特别伤人的自尊心，很容易让对方产生抗拒的情绪，不利于后期的良好合作。所以，在谈判中，不管自己公司的实力有多强大，自己的职务有多高，只要是坐在谈判桌上谈判，那么双方就要坚持一个公平和公正的原则，互相尊重和尊敬。

二、忌谎言欺骗对方

一位业务员同一家商店进行推销洽谈，业务员为了促销，在介绍产品质量时声称已经获得"省优"和"部优"，商店看样后认为有一定市场，于是双方达成买卖意向。商店后来了解到这种商品既非"省优"也不是"部优"。产品虽然适销，但商店也怕上当受骗，未与业务员签订合同，于是，这桩生意告吹。

在谈判的过程中，很多人把谈判当作竞争，要争个你死我活才肯罢休。所以在谈判中无所不用其极，往往会用一些不好的手段来达成谈判的目标。从以上案例中我们看到，其实这种行为非常短视，如果谎言被揭穿，那么就会永久地破坏双方的合作，给

自己的信誉造成极大的损害。所以，在谈判中一定要以事实为依据，一言一行都有理有据，进而给对方留下良好的印象。

三、忌过于咄咄逼人

一位采购员在商店采购商品，他自认为自己采购的商品数量比较多，而且会经常采购。所以在谈判中连续地向商店老板发动攻势，比如产品要送货上门，要保证送货时间，对质量要包退包换等。商店老板听到这些条件之后，也不动声色地提出一个要求，那就是在采购员所在的公司，要设置专柜来销售自己的产品，确保足够好的服务和推广，他会答应采购员提的所有条件，否则他将找另外的合作人。采购员一听，就傻了眼。

在很多的谈判中，有些谈判者就是喜欢在气势和语言上压制住对方，说话不留情面，咄咄逼人，一旦抓住一个可以利用的问题，就无限发挥，向对方频频进攻，一点也不想让步。这种情况，在谈判中是不可取的，非要让对方进行更加强烈的反击，而不利于谈判达成共识。所以，在谈判中，尽量采取委婉的方式和对方沟通、交流，尊重对方的立场和言论，不要处处争强好胜，这样容易陷入被动。毕竟，商务谈判不是说谁强势谁就可以赢，而是要协调和协商。

四、忌信口开河

在谈判时,很多谈判人员因为交际面广,知识经验丰富,个人信息量比较大,可以侃侃而谈。但是在谈判中,特别是在与谈判方针对价格展开争论的时候,说出来的话要准确,准确,再准确,不能凭感觉说,信口开河地说,这样只会适得其反。而且很容易让谈判对手抓住错误、不符合事实的地方进行追问和进攻,从而让谈判陷入被动。谈判事关信誉,如果自己掌握和传达出的信息不准确,会给对方留下不严谨的印象,无法让人产生足够的信任,进而影响后期的合作。

五、忌以自我为中心

在谈判中,很多人只考虑自己的感受,随意打断别人的说话,只顾表达自己的观点和意见。或者在倾听时候不认真,不关心谈判对方说了什么,强调了什么,只顾自己表达。在谈判中这种以自我为中心的现象,会让对方非常地反感和讨厌。所以,谈判人员要多进行换位思考,自己的每一句话、每一个举动,都要站在对方的角度来考虑,这样才能避免以自我为中心。要用语委婉,说话有商量的余地。如此不仅体现了自己的涵养,也赢得了对方的尊重。

六、忌过于呆板冷漠

有些人在谈判中特别的冷静，表情、言语都一板一眼，没有一点感情色彩。这样的表现在谈判中是特别不好的，不利于在谈判中营造良好的氛围，容易让对方产生对抗情绪。因为好的谈判是在友好、和谐的氛围中进行的，这样才会对谈判的结果有帮助，如果在谈判过程中过于呆板冷漠，会让对方感受不到谈判的友好性。所以，在谈判的过程中，应适当地活跃气氛，比如，多用生动、形象、诙谐、幽默的语言，进而让谈判更有感染力。

除了交换，不要轻易让步

谈判与日常的谈心是有区别的，后者可以让彼此通过沟通和交流成为朋友，或许因此情投意合，成为莫逆之交。而谈判桌上则是另外一番风景，双方要为各自的利益和谈判目标而战，所以一言一行都至关重要，都会与企业的利益直接挂钩，谈判成功可以为企业带来利益，为员工增加收入；谈判不成功，则给企业带来经济上的损失，或者减少市场的份额，利关全局。所以每一个谈判者在谈判中要寸土必争，与企业利益捆绑在一起，一荣俱荣，一损俱损，企业才能因此受益。

但在谈判的实践中，一些谈判者，因为性格的原因，非常容易让步，总想先让小步，换得对方认同。但这样做有很大的风险，有的谈判对手能够领会这种善意，但有的谈判对手会贪得无厌，他们会步步逼近，最终导致自己丢盔弃甲，丢掉谈判的主动权。只有绕过下面四个经典的容易让步的误区，才能够真正掌控

第九章
抓住要领——走上谈判成功的捷径

谈判的主动权。

误区一："对方会对我方的让步感恩戴德"

香港一家企业与内地一家商场合作，他们进行了一次谈判，针对某款家电的价格，他们争论不休。商场负责人希望香港的业务代表能够在价格上做出让步，他希望香港业务代表能给自己一个面子，从100元让价到90元。香港的业务员想了想，看在长期合作的分上，他就同意了。等谈判到付款期限的时候，香港业务代表说30天可能到货，但商场负责人却要求20天。香港业务代表对商场负责人说，自己在价格上已经做了让步，那么现在也请商场负责人给自己一个面子，也让一步。却不想商场负责人说，为什么要让步？香港业务代表顿时愣在了那里。

这个案例说明了，在谈判中，如果让步太痛快会造成这样的结果，对方并不会领情。如果你必须做出让步，那么也一定要马上得到交换和回报，否则对方记性不好的情况下，结果都不会太好。所以，谈判人员对于让步一定要三思而后行，否则自己会很被动。

误区二："这个家伙很难搞，我们先让步，释放一些善意"

有些谈判人员在谈判中如果遇到很难交流和沟通的谈判对

手时，会很泄气，感觉无从下手，只想着在谈判中先让一步，让对方感觉到善意，也许会让谈判继续顺利进行下去，而不是造成僵局。如果在谈判中出现这种现象，那么千万不要用让步作为和对方交换的条件，否则会让自己很被动。有的谈判人员认为，如果谈判对手非常和气，也很好交流，这样谈判起来会很轻松。但是有时候，也会遇到脾气暴躁的谈判对手，不愿意和你沟通和交流，导致谈判很艰难。事实上我们在谈判中，要尽量关注谈判的内容、谈判的方向、谈判的方法，而不要过度关注对方的外表和表情，这些都不重要，反而会让我们做出受干扰的决定。所以，在谈判中，不要为谈判对手的强势和外表所影响，而做出一定的让步。在谈判中，让步的条件只有一个，那就是被交换。特别是以下两种情况，不能轻易让步。一是我们还没有搞清楚谈判对象的真实意图、谈判方向、谈判方法，我们就不能随意地让步，这样只会让我们中了对方的圈套。二是我们的让步，有时候也不一定换来对方的满足，也许我们的让步并不是对方想要的，这样反而让对方胃口大开，进而步步逼近。

误区三："我一定要赢，但不能让步"

在谈判中，很多谈判人员都喜欢争个胜负，这是他们的性格

原因,这种性格在谈判中,往往会随着竞争的加剧,导致扩大。很多谈判者都有极端和不良的想法,比如"我可以搞定他""他肯定是想赢了我"等,这些想法不利于谈判的顺利进行,是错误的思维方式。谈判是一个协调和协商的过程,如果在谈判中非要用这种竞争的心态来面对,势必会让对方进行反击,这样你来我往,谈判的氛围就会变得非常白热化,如果有一根导火索,马上就会引燃,导致谈判无法进行下去。谈判的最好结果是双方进行利益的互换,不仅自己要赢,而且要让对方感觉赢,这样才能为谈判的顺利进行奠定基础,有利于双方合作关系长久地维持下去。

误区四:"接受对方第一次报价"

对于谈判对手的第一次报价,很多谈判者因为感觉这个报价在自己的期许之内,就会禁不住流露出来,马上回应对方,表示同意这个报价。事实上,在谈判中,这种方法是非常不可取的。一是如果你痛快答应了对方的报价,那么对方就会感觉自己的报价太低了,心里上感觉自己吃了亏,那么在后续的谈判中,他们会一直为自己争取利益进行弥补,而不会再轻易让步。二是接受了谈判对手的第一次报价,虽然达到了我方的谈判目标,但是没有运用更好的策略和方法,为我方争取更大的利益，损失了较量的机会。三是谈判讲的是双赢，如果贸然就同意对方的第一次报价，对方会感觉自己没有赢，而是会反思自己哪里出了差错，最终在谈判中产生挫败的心理，这种心理不利于最终双方达成共识，也很容易让对方放弃谈判，以保证自己的利益不受损失。

第九章
抓住要领——走上谈判成功的捷径

刚极易折，攻势不可太激烈

有一位公司的经理，在同新合作的公司谈判时，发现对方来的只是几个毛头小伙子，马上询问谁是负责人，谁能解决他的问题，让这几个年轻人找出管事的来。却不想，其中一年轻的小伙子站了出来，问他有什么事儿，他本人就是负责人。这位经理一看顿时傻了眼，本来看对方都很年轻，想摆摆谱，却不想负责人竟然就在这些年轻人中，本来是想友好地谈判，却不想因为过于武断，太想摆谱，为接下来的谈判营造了不好的氛围，导致后边的谈判一点也不顺利。年轻的负责人，没有给他好脸色，在谈判中寸步不让，让这位业务经理有口难言，最终双方没有达成合作。

从案例中，我们可以看出，很多人在谈判中特别容易犯一个错误，那就是想压制对方，让对方居于下风，自己居于上风，而且言辞不客气，不尊重对方，更别说为对方留什么

面子。这种谈判人员一旦在谈判中抓住有利的因素，就会将其最大化，穷追不舍，甚至一些本可以忽略的小细节，也开始斤斤计较起来。事实上，在谈判中这种行为一点也不可取，并不是一个好的现象，如果遇到性格和善的谈判对手，对方可能表面上不表露出来，但在实质性环节反而会坚持原则，不肯让步；而对于那些有城府的谈判对手，会让你尽情地施展这种本领，事实上却上演着欲擒故纵的戏码，在你不注意的时候，瞅准你的薄弱环节，马上就将你一军，让你为自己的强势付出代价。所以，在谈判中如果过于强硬，很容易把谈判变成战争，为谈判的失败埋下隐患。所以，如果不是必要，在谈判中，要尽量低调，营造尊重对方的良好氛围比什么都重要，用商量、和善的口吻去和对方谈判，效果会更好。

事实上，在谈判中，虽然大多数不是军事、国际政治方面的谈判，但本质上都是一种对抗和竞争的关系，有一个环节控制不好，就会走向极端，导致谈判破裂。因为，本身在谈判中，双方就处于敏感的状态，言辞不当很容易充当导火索，激发对方的本能，进而对抗或反攻。所以，在谈判中，如果双方遇到了争论比较大的问题，或者分歧很严重，可以尽量克制自己的情绪，让自己面带微笑，语言委婉，进而缓和谈判的氛围和敌意，可以有效

第九章
抓住要领——走上谈判成功的捷径

避免接下来的谈判陷入僵局。真正出色的谈判高手在谈判中，并不会气势夺人，或者看起来张牙舞爪的样子，而是不露声色、春风化雨，从而让自己的情绪不受影响，心思不被谈判对手猜透，这样才不会被动。

言简意赅，不要长篇大论

美国学者多琳·安森德·图尔克穆说："如果你还没有想好用哪个词最合适，那你就干脆别开口。"事实上，这个道理不但适用于我们工作和生活中的日常沟通和交流，也适用于谈判。在谈判中，大多有时间的限制，所以在有限的时间内，要尽量说话简短，言简意赅，用筛选和过滤的方式，选择最精练的语言表达最深刻、最丰富的内涵。有问题解决问题，有分歧解决分歧，摆事实讲道理，不拖沓，不延误，这样沟通起来会特别高效，也节约时间，这就是在谈判中强调言简意赅的原因所在。

在商务谈判中，如果说话和发言像拉家常一样，会让人感觉松散、拖沓，从而对谈判能否成功丧失信心。所以在谈判中，要尽量让自己的语言精练，否则你的关键信息就会被一大堆没用的句子所淹没，让对方摸不着头脑。这种现象就像把一块金子掉在地上，大家会很容易就发现它，但是如果它掉在了沙子里，那么

第九章
抓住要领——走上谈判成功的捷径

想发现它就很难了。同样的道理，人类接收信息的特点都是先注意力集中，随着时间的推移会越来越分散，大脑对于一些不痛不痒的信息，会自动忽略。所以，在谈判中，不宜把战线拉得太长，否则就会导致大家注意力不集中，谈判效率降低。

所以，谈判简练是十分重要的，只有简练的语言才最具有针对性，可以让对方的大脑在最佳状态下接收到自己的信息。而且在进行语言表达的时候，要尽量在语调上进行变化，比如，对一些合同、条规等枯燥的文字，可以注意一下语气的轻重、高低的变化。比如，在一些很重要、需要特别强调的内容上，要把语调放低，加重口气，从而引起对方的注意。同时，也可以穿插一些提问、反问的句式，引导对方思考，注意力集中。所以，在一些很重要的谈判开始之前，很多谈判人员都会针对谈判的相关内容进行模拟和演习，训练自己语言表达、反应的灵活性。所以在谈判中，一定要避免使用啰唆的语言，这样不仅表达不清楚自己的意思，反而会让对方看清自己的底牌，或者让对方产生反感、疑惑的情绪。但是，在不拖沓的同时，也要注意沉稳和不拖沓的本质区别，沉稳是一种气势，虽然语气较慢，却字字铿锵，没有一句废话，这样利于谈判对手能够听得清楚，理解和消化谈判的内容。很多谈判高手都喜欢用这种方式进行谈判。

由此可见，如果在谈判中，只想通过巧言令色、口齿伶俐来占据上风，虽然在气势上占了上风，但是结果往往会适得其反，很多时候效果并不好。

第十章 实战解析：采购谈判的策略与技巧

采购谈判并非单纯地讨价还价，而是经过计划、调研、分析、沟通、磋商和讨论，才能最终达成合作协议，价格不过是所有交易条件中的一部分。实践证明，在成功的采购谈判中双方都是赢家，只是一方可能比另一方多赢一些，这种情况很寻常。大量实践证明，在采购谈判中讲究策略与技巧的一方通常会受益更多一些。

了解采购谈判的背景

中国的平板电视当前正迎来爆发增长的阶段，销售业绩年年上升，这让日本的电视生产企业看到了商机，他们进行了大量的调查，掌握了可靠的市场行情。于是决定进驻中国市场，分一杯羹。所以，在后来的谈判中，日本的电视生产企业给出的价格十分有诱惑力，让中方订购企业感觉机会难得，在原来的订单数量上又增加了一倍。果然，日本电视生产企业的市场预计没有错，中方把电视投入市场之后，马上引爆了市场，好好地赚了一笔。

在这个采购案例中，日本电视生产企业之所以给我方极具诱惑力的价格，是因为他们提前对中国的市场行情进行了调查，在掌握了大量的事实和数据之后，对市场形势做出了正确的研判，为了进一步拓展市场份额，所以才给中国订购企业特别多的实惠，从而让合作很顺利，最终打开了中国市场。从这个案例中我

第十章
实战解析：采购谈判的策略与技巧

们可以看出，掌握和了解采购谈判的市场背景，对于下一步的经营决策有着关键的作用。

所谓采购谈判的背景包括内部背景和外部背景两大类型。商务谈判背景是指，在谈判开始之前，谈判方针对可能会影响谈判结果的环节、因素和信息进行收集，有针对性和具体性。然后将收集到的信息进行梳理、分类之后，经过研究和分析为谈判策略制定提供有力的根据。作为一名谈判人员，如果想在谈判中为自己争取到最大的利益，那么在谈判之前必须要尽可能准确和更多地掌握谈判的背景。谈判背景的收集，是进行周密谈判规划的基础，也是作为一名合格的谈判人员必须具备的技能。通常情况下，谈判背景包括经济、政治、法律、技术、市场、企业内部和人文等方面的环境。而企业的自身环境方面还包括企业的运营状况、生产运营、人力资源、市场占有率、配套和管理能力等。

环境分析一：中东是世界上主要产油区。该地区国际形势的变化会对石油及其产品在世界市场上的价格产生重大影响。当中东地区爆发大规模军事冲突，甚至仅仅是国家间的外交争端，都会直接影响到石油及其产品的价格。比如，如果某一商品要通过战区运输，很可能由于战争爆发而无法按期发运或者运输路线发生变化，从而增加成本。

环境分析二：近年来，我国外贸企业面临着大量的债务问题。由于世界经济不景气，许多欧美国家从中国进口商品的企业破产或面临金融危机。因此，这些企业开始拖欠货款。大量中国出口导向型企业无法收回货款。

环境分析三：一家公司最近启动了一个新项目，但它可能会污染环境。为确保项目实施，公司对环境保护进行了以下分析：调查环境现状；预测项目对环境的影响；环保措施及费用估算："三废"（废气、废渣、废水）处理方案和成本估算。通过分析发现，环境问题可能是公司与政府项目谈判的重点。因此，公司制定专项治理方案，消除环境污染威胁。虽然增加了公司的成本，但公司的投资总体上还是有利的，在与政府谈判时也能提升公司的形象和分量。

环境分析四：我国一家公司计划引进彩色胶片相纸的生产技术。该公司花了很长时间收集技术和价值信息，但仍然没有依据，无法获得准确的信息。后来，他们委托我国香港一家咨询公司就生产技术的转让和相关设备的采购征求意见。在很短的时间内，咨询公司提出了一份咨询报告，分析了科国、爱克发、富士、英华、易科富、汽巴等几家世界著名的彩色胶片和相纸生产商垄断技术市场的情况。还估计了各公司对技术转让可能采取的态度，并估算了引进项目所需的投资。这些咨询报告特别有用，为引进这项技术提供了重要的依据。

以上四个环境分析案例展示了采购谈判的不同背景。采购环境的变化对采购谈判协议的内容、过程甚至绩效都有重要影响。因此，在采购谈判中，优秀的谈判人员特别重视对采购背景的分析，以保证谈判的顺利进行。

首先，采购谈判要分析采购的宏观环境，了解采购谈判的可行性。例如案例三，通过宏观环境分析，公司发现只有当公司的项目符合政府环保要求时，公司才有可能推出新的项目。经过分析，即使将环保治理投入到公司的新项目中，仍然是有收益的。因此，公司决定投资环境治理，这也说明了采购谈判前环境分析的必要性。

其次，采购谈判人员还应了解和掌握与贸易有关的法律法规、关税政策、贸易法律法规及相关管理制度，以便制定正确的谈判策略和计划，避免谈判中不必要的分歧和误解，推动谈判顺利进行。例如，在国际采购中，各国都有贸易出口管制措施，但各国出口管制的内容和品类差异非常大。一种商品在国内可能供不应求，出口数量有限，但在另一个国家可能过剩，可以大量出口。在一些国际采购谈判中，掌握了这些采购背景，对于选择和确定竞争对手，制订正确的谈判目标，确定基本策略是非常有帮助的。

采购谈判的类型及特征

采购谈判是指企业在购买的过程中,作为买方,与产品的生产厂家、卖方代理商等进行的谈判。采购谈判会涉及产品的品种、规格、技术标准、质量保证、订货数量、包装要求、售后服务、价格、交货期、交货地点等事项,围绕这些事项,双方会进行反复谈判。同时,还要针对运输方式、付款条件等进行谈判,最终达成共识,建立双方满意的购销关系。采购谈判是一种多样化的谈判,存在于工作和生活的方方面面,特别广泛和普遍。

一、采购谈判的分类

(一)按照谈判组织范围分类,可分为企业内部采购谈判和外部采购谈判

内部谈判主要是指企业采购与内部其他部门之间的谈判,比如,采购要和技术部门谈判选择哪种材料对降低采购成本更有

利。外部谈判主要是指采购方与供应商的谈判，比如，与供应商就合同条款进行谈判等。

（二）按照谈判输赢结果分类，可分为单赢谈判和双赢谈判

采购方与供应商都想从谈判中获得利益，如果一方以牺牲另一方利益为代价而获得自身的利益，就会产生单赢的结果，甚至会变成双输，这种谈判结果会损害采购方与供应商之间的关系。在采购谈判中，双方都能获得什么，而且尽可能接近各自想要的，这样的结果是双赢的。双赢谈判是基于双方的良好关系，相互合作解决双方的问题，得到想要的利益，这样的谈判有助于双方更好地沟通，找到更多可以选择的方案，进一步加强采购方与供应商的合作关系。

二、采购谈判的特征

（一）合作与冲突性

采购谈判中，谈判的双方既有为各自利益的冲突性，也有最终要达成共识的合作性，二者是相互矛盾，又是相互统一的。

（二）原则与可调节性

采购谈判中，双方在谈判中既要坚守各自的底线和原则，不能逾越，也要在此基础上，针对双方的沟通和交流互相做出让步和妥协，最终达成合作，具有可调节性。

采购谈判的基本流程和步骤

合理规范的采购谈判对于谈判双方是非常有利的，能够保证采购商品的质量、降低采购成本、争取更多物资和优惠的服务项目。同时，还可以把采购的风险降到最低，避免双方产生不必要的纠纷。

一、采购谈判需遵循的谈判原则

（一）尊重原则

采购谈判中要尊重对方，这是谈判的基本原则，在采购谈判的过程中，具体表现为以下三点。一是大方得体。在采购谈判中，要把自己的心态摆正，即使在谈判中出现分歧，也不要出言不逊，或者表达出有损对方的理论和言辞。二是谦虚。懂得换位思考，不能一味地表现自己，即使是处于谈判上风，也不摆出咄咄逼人的态势。三是友好。避免谈判中对抗的情绪，即使双方观点不一致，也不要与其对立，而是积极地寻求解决的方法。

（二）规范原则

采购谈判要强调规范性，进而避免在后续的合作中，出现不必要的麻烦，需要提前在谈判中规避，这就需要采购谈判具有规范性，能够给双方以约束和重视。可以从以下两个方面规范采购谈判。一是谈判的范围。对于采购谈判的范围必须提前界定，不涉及的内容一律不提及，保证谈判的内容严格界定在范围之内，这样可以提高谈判的效率。二是保证谈判的准确性。在谈判中的任何一个结论，都要以数据、事实为依据，而不是信口雌黄，想说什么就说什么，要表达清楚，做到简练，条理清晰。

二、采购谈判的步骤和流程

采购谈判有约定俗成的流程，通常情况下，可分为以下四个阶段有序进行。

（一）采购谈判的准备

1. 编制《采购谈判方案》，这份方案包括与采购谈判相关的一些重要内容，比如，项目概况、谈判须知、商务条款、技术条款、报价范围、资质要求等。

2. 邀请谈判单位。可以向至少三家以上具有采购资质的单位发出邀请函，用邀请函的方式通知他们来参加采购谈判，

是具有竞争性的。此后，向有意参加采购谈判的单位发放制定好的《采购谈判方案》。邀请函的内容要规范，在邀请函上要注明采购谈判的具体和详细的要求以及采购谈判的时间、地点等。

3. 成立谈判小组。谈判小组通常由5个人组成，可以是与项目相关的经济、技术专家，对其名字要进行保密。

4. 召开谈判小组预备会。谈判小组要在采购谈判开始之前，召开相关的预备会议。正常情况下，由采购单位主持，所有成员必须参加。谈判小组要在这次会议上选出负责人，并对《采购谈判方案》进一步熟悉和了解。

（二）采购谈判的开局

1. 公开报价。

采购中心工作人员，负责宣传报价，采购谈判的单位参加后，要先提交报价文件。注意要严格按照规定日期提交，一旦错过，采购中心的工作人员会拒收或退还报价文件。

2. 谈判小组审阅报价文件。

在谈判前，谈判小组全体成员要对所有的报价文件进行审核，对于存在的问题要详细记录，然后小组开会讨论。审核结束之后，谈判小组通过集体研究做出决定，列出进入采购谈判的单位名单。对于未能进入采购谈判的竞争单位，谈判小组要以书面形式通知，对于其不符合采购报价的情况进行说明。

（三）采购谈判的洽谈

采购谈判进入洽谈阶段后，会分为以下六个步骤进行。一是确定谈判单位次序。进入实质性的谈判之后，针对谈判单位要先排序，正常情况下通过抽签的方式决定，保证公平和公正。二是谈判小组进入实质性谈判的单位，按照排序一一展开谈判，就一些项目的详细情况进行谈判。三是此轮谈判结束之后，谈判小组要根据谈判的流程，转入下一步的谈判，同时决定进入下一轮谈判单位的名单，同样用抽签的方式决定谈判顺序。四是谈判小组再一次根据《采购谈判方案》的要求，与这些采购单位就项目的详细条款进行谈判，比如项目的工期、产品的规格、付款方式等。然后经过小组讨论决定，列出进入最终承诺报价的单位名单。同时，对于不符合晋级条件的单位，以书面形式说明原因。五是进入承诺报价的单位，会收到谈判小组发来的最终承诺报价的相关要求，包括说明和文件格式，然后在规定的时间内，向谈判小组递交各自的最终承诺报价。然后谈判小组的负责人当众公布各个单位的最终承诺报价。六是谈判小组对最终承诺报价进行审阅和评审，然后每一位小组成员都要出具评审意见。

（四）采购谈判的成交

采购谈判进入成交阶段后，谈判小组会给出最终的谈判结果，向采购单位推荐一个预成交单位，然后采购单位要按规定召开定标会议，公开宣布采购合作单位；同时在定标会议上发布成交公告进行公示，如果在规定的时间内没有收到投诉，采购单位便向中标单位发放成交通知书，在采购中心报备。最终，采购单位和成交单位根据有关法律法规，在规定时间内签订采购合同。

三、采购谈判适用场景

1.如果要采购技术要求高、专业性强、结构复杂的机械设备、先进食品，在成本、安装、设计等方面都要进行艰难的谈判，进行多方面的谈判与比较。

2.所采购的商品没有多少供应商，但是还有别的途径可以满足企业需要，比如企业自己生产、使用其他可替代商品、国外采购等，此时可以组织谈判来比较，进而做出最有利的选择。

3.采购的过程中，竞争的供货商较多，采购企业无法分出优劣时，可以通过采购谈判，在价格、技术和品质等方面进行比较，同时促使有供货能力的供货商做出最大的让步。

4.需用商品的采购马上就要结束，但市场行情、趋势都有所变化，原采购合同已经不再适用，此时如果采购金额巨大，通过采购谈判让企业利益最大化。

5.需用商品经公开招标，但是招标结果不理想，与采购企业需求还有很大的差距，在这种情况下，采购企业可以组织采购谈判，进而在谈判中一一解决不理想的问题，比如价格、质量、规格等细节。

采购谈判的常用策略

采购谈判不是对抗性的竞争，因为它没有赢和输的概念，体现的是合作共赢。在成功的采购谈判中，双方都是利益的共享者，也不会出现一个赢得多、一个赢得少的现象。所以，采购谈判讲究的是"和"，而不是"争"，当然更不是讨价还价。事实上，在很多的采购谈判中，都是谈判双方在共同努力之下，积极寻找折中的方案，这个方案双方都可以接受，而且都经过了分析、计划和研究。所以，大多数谈判的结果是落到妥协中，或者落到协作中。这里推荐十五条采购谈判策略，以供参考。

一、有充分准备

采购员在采购谈判前要有充分的准备，就是"不打无准备的仗"。采购员要提前了解与采购商品相关的信息，包括品类、市场、价格、供需等，同时根据这些信息确定谈判的底线和上限，制定谈判目标。

二、只与拥有决定权的人谈

谈判之前，采购人员要对谈判方的人事、权限做简单的了解，最好直接找有决定权的人进行谈判，否则只会浪费时间，还泄露了谈判的底线和立场，让自己陷入被动。

三、场所选择本企业办公室为最佳

采购员在选择谈判地点的时候，可以优先考虑自己企业的办公室，因为在这里谈判可以提高工作的透明度，也避免了一些个人交易行为的猜测；同时，主场的地位也有利于采购员发挥自己的谈判能力，在气势上占据优势。

四、数量注意对等

在采购谈判的过程中，注意人数上的对等，尽量不要让自己一个人单挑一群人，那样做对自己特别不利，会让自己精力无法集中，从而在谈判中很容易处于劣势。

五、眼光放长远些

采购人员要将眼光放长远一些，坚守自己的底线，不要让谈

判对手察觉，不然谈判对手会利用这一点，让采购员做出让步。

六、尽量不露声色

交易开始前，采购员要在心中对成交有一个准确的期许。很多出色的采购员，在采购谈判中，无论对方的商品多优秀、价格多实惠，他都会不露声色，让谈判方摸不清头脑。所以，采购员要始终保持质疑的态度，即使有兴趣与对方合作，也不要轻易流露出来，让供应商不断让步，来获得你的青睐，这样比较容易获得有利的交易条件。

七、不能勉强成交

出色的采购人员在采购谈判中要明白一个道理，一定不能让谈判失败，否则就失去了谈判的意义。所以，在谈判中总是想着为对方留有余地，促使谈判成功。但也不要勉强自己，因为勉强成交，可能并不利于长期合作，反而会后患无穷。

八、别忘记倾听

采购人员在采购谈判的过程中，不要忘记倾听的好处，尽量多倾听供应商的讲话，然后从他们的言谈和肢体语言中提取对自己有利的信息，判断出他们的优势与缺点，进而了解他们的谈判立场，最后摸清对方的底牌。

九、注意缓和气氛

如果在采购谈判中，双方发生了争执，那么在这种情况下，双方可以暂停一下，一起喝喝茶、聊聊天，缓和一下气氛，然后再开始谈判，重新寻找切入点和共识点。

十、多为对方考虑

成功的谈判必然是互相都能够体谅对方，站在对方的立场上去思考问题，只有这样才利于采购谈判的成功达成。所以，在不违背采购原则和底线的前提下，要多站在对方的角度思考，最后让对方感觉谈判共识是双方共同的意愿。

十一、多强调自己的优势

可以在谈判中，有意无意让对方知道自己公司的运营能力、经济实力、市场规模和市场占有率等方面的情况，进而让谈判方对自己公司的发展产生信心，愿意合作。对于自己的弱势，千万要少谈，否则会给对方创造攻击的机会。

十二、不妨退一步看看

在谈判中，经常会遇到超出采购人员的认知范围、管理权限等情况，在这种情况下，采购人员不要着急回答，可以给自己争取一些思考、请示、商量的时间，拖延回复，也就是以退为进，在做好回答的准备，确定好一些信息之后，再进行回复，可以确保自己不处于被动局面。

十三、用数据说话

任何时候，都应该以事实为依据。事实主要是指，充分利用准确的数据分析，如销售分析、市场份额分析、品类业绩分析、毛利分析等，进行横向和纵向比较。

十四、精准把握谈判时间

一到预期的谈判时间，我们就马上结束谈判，一点也不拖延，直到让对方感到机不可失，时不再来，进而做出更大的让步。

十五、双赢不是各自占一半

在谈到双赢时，有些采购人员认为谈判的结果是双方各得利益的一半，这是最好的。然而，有经验的采购员总是会为自己的公司争取最大的利益，同时也会让对方得到一点好处。

第十章
实战解析：采购谈判的策略与技巧

采购谈判的四大谈判技巧和四大让步原则

谈判对于采购人员来说是一项基本的工作，因为采购员的企业经营范围、涉及行业等方面存在不同，所以在采购谈判中的方法、策略和目标也各不相同。但由于企业的采购需求是不断变化的，如果过于频繁更换供应商，会给企业的稳定运营造成一定的影响，因为每选择一个供应商，就要考虑供应商的资质、信誉和实力等方面的因素，所以如果能与供应商建立长期而稳定的合作关系，对于企业的采购和运营来说都有事半功倍的效果。下面给大家介绍在采购谈判中的四个谈判技巧和四个让步原则，这些能够帮助采购员在采购谈判中迅速建立友好合作关系。

一、四个谈判技巧

（一）双赢法

如果想要在谈判中与供应商建立长期合作关系，那么在谈判中就要采用双赢的方法。也就是说，在谈判的时候，不要只考虑自己的利益，也要考虑供应商的利益，最终双方能够围绕这个核心问题，达成共识，获得双方都很满意的合作方案。比如在谈判中，如果你要求对方在规定的时间内送货到家，但供应商却觉得这个时间不合适，希望能够重新确定一个日期，针对这个问题，双方就要谈判。那么采购方要求在规定时间送货，而供货商因为涉及成本、人工等方面的考虑，感觉这个时间不合适，那么双方在谈判中如何实现共赢呢？

在这种情况下，双方就要围绕时间问题搞清楚真正的原因是什么？比如，企业的采购员，之所以要求在规定的时间送货，是因为自己企业的生产运营需要，这个时间非常合适，不耽误企业运营和生产。而供应商之所以感觉这个时间不合适，是因为这个时间送货会增加企业的成本，可能会打乱工厂的生产节奏，为了在规定时间完成任务，就要让员工加班加点，这就涉及加班费等一系列额外的成本，所以认为这个时间不合适。如果双方了解清楚自己的真正需求，然后再寻找一个双方都满意的合作方案。比如，可以选择一个折中的方案，既不耽误企业的运营，也不需要企业增加成本。如果这样还解决不了，企业必须在规定时间送货，企业可以为供应商提供一些费用上的补贴，这样双方就可以继续谈判，而不会在这个问题上纠结，导致谈判陷入僵局。

（二）捆绑法

如果在谈判中，双方有多个选项需要谈，不需要一项谈完之后，再去谈下一项，完全可以把几个项目组合在一起，这样可以增加谈判的筹码。比如在谈判的时候，可以把送货时间、发货方式、售后服务等相关的环节捆绑在一起，这样可以加重一些优惠、资源的分量，能够让对方慎重考虑。比如，可以说"如果你要在什么时间下订单的话，可以享受送货、发货、赠品等几个环节的优惠"，这样就可以大大增加谈判的成功概率。

（三）分割法

如果在采购谈判中针对一个大问题无法谈拢，谈判的双方无法达成共识。如果大问题中的任何一个小环节处理不好，那么就可能会影响整个谈判的进展。一旦停滞之后，再重新开始，又得重新一个一个环节谈，这样会把谈判的战线拉得很长。与其如此，不如把一个大问题分割成几个小问题，比如可以把采购分为送货、质量、预订、售后等几个小环节来谈判。这样可以大而化之，如果一个小环节谈不成功，可以先转移到别的环节上，然后再回过头来谈未成功的环节，这样就会稳步推进，为谈判的成功奠定扎实的基础。

（四）重点法

如果在采购谈判中，采购方和供应方都有自己非常关心的议题，那么双方可以把议题单独提出来，然后双方可以围绕这些重点问题展开谈判，先对这些重点内容达成共识，那么接下来的环节就会因为重点问题已经解决，为谈判定下了友好合作的基调，那么后续的环节就会变得更加容易成功。

二、四个让步原则

（一）幅度

比如，我们平时在商城购物，经常会遇到这样的情况，我们要买一台冰箱但这台冰箱要价1万元，我们和导购员进行讨价还价，这台冰箱的价格分别降价到9000元、8600元、8500元。接下来，无论我们再说什么，导购员都不会再做让步，表示一分钱也不会再降了。从导购员的降价过程中，我们看出他的让步幅度是越来越小，从400元到100元。这种情形就会让我们产生一种错觉，导购员给的价格已经到了底线，不能再做让步了，所以我们最好接受这样的价格。但如果把这个顺序颠倒一下，先降100元，再降400元，就会让我们觉得还有更大的空间可以让步，进而再去争取，是不是还可以降500元，再降800元等。

由此可见，在谈判中，我们对于让步的幅度要递减，而不是一步让到位。通常情况下，第一次让步的幅度是最大化，越往后越难，让步的幅度会越来越小，这样可以尽快促成谈判，让双方尽快达成合作，不再纠缠。

（二）节奏

除了让步的幅度之外，对于让步的节奏也要有所掌握，越往后要越慢。也就是说，第一次让步可以马上做出决定，但第二次、第三次让步的节奏要越来越慢。在谈判中，让步的节奏是一个由快到慢再到更慢的过程。否则如果把握不好这种让步节奏，会让谈判对手认为你着急促成合作，故意提高达成合作的难度，这样会欲速则不达，最终让自己在谈判中陷入被动的状态。比如，在一个产品订购的谈判过程中，如果供应商要求订金付40%，那么采购方希望少一些，供应商做了让步，降到了35%，但在后边的谈判中，供应商却一直不再让步，第二步让步出现在谈判2个小时之后，面对快要结束的谈判，采购方也认为供应商在订金的问题上是不会再让步了，35%就是底线了，所以就不会在这个环节上浪费时间和精力。

(三）底线

在谈判中，对于自己的每一次让步都要进行评估，看这些让步有没有换来想要的结果。如果这个让步，促进了谈判的进行，也没有触动自己的底线，那么这种让步就是正确的。如果这个让步触碰到自己的底线，那么就要引起注意，进而反省自己有没有坚守住底线。如果是以失去底线作为代价促进谈判的进行，无疑这样的谈判是失败的。如果怕自己坚守不住底线，可以在谈判中做好记录，把自己设定的底线和标准记下来，随时对照检查。

(四）次数

在谈判中，对于谈判的让步次数，其实并没有什么固定的规定，但正常情况下，让步都不宜超过三次，控制在三次或三次以下，否则让步太多，很容易让自己陷入被动。对方会认为你没有底线，可以一直让步，这对于谈判的成功显然是非常不利的。

采购谈判的三种常用方法

采购A和供应商B谈判,决定在供应商那里订购100万元的产品,谈好价格之后,双方准备签订合同。但是在准备合同的过程中,采购A了解到,自己和供应商商量好的价格并不是供应商的最低价格,别人从供应商这里拿到的价格远远低于自己的合作价格,而且差距还比较大,但供应商却始终坚持自己的价格。

案例中的谈判,是不是就陷入僵局,无法再谈判下去了呢?事实上,谈判还可以继续,因为谈判本来就是一个商量和讨论的过程,只需要运用正确的谈判方法,就可以打破僵局,最终达到事半功倍的效果。

一、讲究入题的方法

谈判双方刚刚接触进行谈判的时候,双方都会有所保留,往往对于谈判的结果谁也无法预测,在这种情况之下,可以选择一

个合适的入题的方法，为后边谈判的顺利进行奠定基础。

谈判的方法主要有三种。一是侧面入题。在谈判入题的时候，不要过于直接，可以采取迂回的方法入题。比如，在一次采购谈判中，双方见面之后，供应商面对远道而来的采购商，没有直接入题，而是从当地的风土人情开始，然后再开始谈判的一些细节。二是细节入题。可以在谈判中，就一些合作的细节先进行讨论，然后再引出议题，这样会为谈判的顺利进行奠定基础。三是一般性问题入题。在谈判中，可以先谈一般性的问题，然后围绕特别的问题集中进行谈判。一般性的问题只要双方达成共识，那么对于特别性的问题谈起来就会非常顺利。

二、轻松开场的方法

谈判进入议题之后，双方就要开始阐述自己的观点、意见和方案，这在谈判中也是非常重要的环节。一般轻松开场有几个方法。一是开门见山，把本次谈判的意图、目标和要求全部说清楚，集中注意力，进而统一双方的共识。二是表明我方想要通过谈判实现什么样的目的，以及与我方合作，对方会得到什么样的利益。三是表明我方的立场和原则，展示我方的实力，以及对今后可能出现的问题和困难的一些应对态度和方法。四是表明谈判的诚意，为谈判的开始营造良好的氛围。

三、语言的使用方法

在谈判中语言特别重要,但对于如何说话,却是有讲究的,并不是信口开河。所以,在谈判中,对于语言的使用可以按照以下三种方法开展。一是准确通俗。即语言要真实、有依据,且规范可信,能够让对方产生信任感,一听就懂,并不需要费力动脑子才能搞明白。二是语言简洁。谈判中使用的语言必须干练,因为阐述时间有限,而且人们的记忆也是有限的,只有简明的语言才能满足谈判的需要。三是有弹性。在谈判中,所用的语言一定要有弹性,否则会给对方造成强势的印象,要有商量的余地,不要把话说死。四是朴实。谈判的语言并不是演说、主持的语言,不需要过多的修饰,只要把事情说清楚就可以了。

采购谈判报价策略

某公司已扩大为庞大的新厂，旧仓库需出售，采购人员估价为 3000 万元，于是报出了 3500 万元的价格，有一家公司愿意以 3300 万元买下这个仓库。在进一步洽谈时，采购人员表示，可以将所有货架都送给购买者，但是要带走一台除湿机（大约 5000 元），购买者就当场同意了。但后来签合同时，购买者坚持认为采购人员同意将所有设备全部送给他。采购人员知道购买者撒谎，怒气冲冲地与他发生了激烈争吵，最后双方不欢而散，交易失败。采购人员不得已再次寻找买主，经过一段时间的推广宣传，终于得到了一家公司的回复，还价 900 万元，无可奈何的采购人员只好不情愿地接受了这一价格。

案例中的采购人，如果知道在报价上优雅地让步，谈判将获得成功，而不会因对方的某些挑衅行为勃然发怒或终止谈判，进而错失了 3300 万元成交的机会。谈判就是在各方双赢谈判基础

上，实现自己的采购利益最大化，这就是为了提高企业采购报价管理水平，要求企业采购代理人必须熟悉和正确选择适合采购人的报价管理策略，从而及时得到合适的企业采购申报价格，帮助采购企业降低采购成本。可以采用以下四种方法进行报价。

一、整数报价

整数报价法，通常是指采用整数单位来进行报价，比如，二万、八千、五百等整数，从而让对方一听就明白，避免使用小数点报价。这种报价方法一方面是针对人们的数字化心理，另一方面是针对采购谈判的方法与技巧。整数报价可以方便对方计算成本和利润，比较容易计算，也具有一定的说服力。

二、先高后低

先高后低是指在报价的时候，先报最高的价格，再报低价格的传统报价法。这种报价法，一般在价格上虚报的成分较多，为买卖双方进一步协商留下空间。当卖方报高价时，如果买者认为卖方价格太高，会立即拒绝或怀疑卖方的诚意，并要求卖方降低价格。而当买方认为卖方价格比较合理的时候，买方仍然会坚持要求卖方继续降低价格，一旦买方降低了价格，买方会产生某种满足感，这时只要买方能把握好时机，往往会促使交易获得成功。如果卖方报价过多，超出了对方所预见的最大收益，则变成乱开价格，买卖双方的谈判就不能继续。

三、先入为主

先入为主的报价方法，可以先掌握主动权，为双方营造一个理想的谈判氛围。例如，当买家先报价时，双方会围绕这个价格来对最终成交价格进行预期，提供一个参考项，从而更有利于报价方占据优势。

四、先低后高

先低后高的报价可以吸引对方的注意力，成功引起对方的谈判兴趣。然后，从其他交易条件中寻找突破口，逐步抬高价格，最终达到预期价格。但这种报价方法难度比较大，对谈判人员的要求比较高，除非必要，在实际采购谈判中应尽量避免这样的报价方法。